assim te conquistei

assim te conquistei

como 30 casais encontraram
o amor de suas vidas

Chris Campos

VERSAR

Capa: Cristina Veit
Foto da capa:Djan Chu Silveira
Revisão: Christina Mendonça
Edição: Luís Colombini

Impressão: Bartira Gráfica e Editora

Dados Internacionais de Catalogação na Publicação (CIP)
Câmara Brasileira do Livro, SP, Brasil

Campos, Chris
Assim te conquistei : como 30 casais encontraram o amor de suas vidas / Chris Campos.
São Paulo : Editora Versar, 2008.

1. Biografias 2. Casais - Conduta de vida 3. Casais - relacionamento 4. Depoimentos 5. Homem-mulher - Relacionamento 6. Memórias (Gênero literário)
I. Título II. Título : Como 30 casais encontraram o amor de suas vidas

08-01032 CDD-646.78

Índices para catálogo sistemático:
1. Casais : Relacionamento : Vida familiar
646.78

2008

Editora Versar
Rua França Pinto, 1053, cj. 13
04016-034 . São Paulo . SP
Fone: 5083-1274
www.versar.com.br
colombini@versar.com.br

minha história

Entre no site www.versar.com.br e acesse Minha História. Você vai encontrar um espaço para contar a sua própria história de amor. Uma vez escrita, é só imprimir, juntar ao livro e dá-la de presente a quem você ama.

índice

apresentação

Onde, quando, como as pessoas encontram o grande amor de suas vidas? Como fazem para conhecê-lo? Para reconhecê-lo? Conquistá-lo? Para mantê-lo? Se todos querem, por que nem todos conseguem? Foram essas as perguntas, que eu, você e todo mundo já se fez um dia (muitos dias, muitas vezes), que vieram acompanhadas do convite para escrever este livro, um livro sobre conquistas e romances, paixão e amor.

Fiquei apaixonada pela idéia, confesso. E mulher apaixonada você sabe como é. Às vezes beira o insuportável. Fala disso o tempo todo, só enxerga o objeto do seu apreço e desejo, quer tudo. Mesmo que não tenha a mais vaga noção do que esse tudo signifique. Eu, principalmente, que não sei amar sem me jogar de cabeça, arrumei uma muito boa: um trabalho ótimo e um estado de permanente sobressalto. Trinta entrevistas. Pessoas que topassem contar a melhor história de amor das suas vidas. Pois bem, elas estão todas aqui. Cada uma delas. Zero ficção, 100% realidade. Por conta disso, meu ano se transformou num festival de emoções. Tive de levar lencinho na bolsa para não ser pega desprevenida nos melhores momentos de cada depoimento. E, antes de partir para cada entrevista, comecei a pensar nos meus próprios enredos amorosos. E também nas histórias que serviram de inspiração para cada passo nessa direção. Porque mulher também é assim. Não basta viver uma boa história. Precisamos ter a certeza de que a nossa é realmente boa. De preferência melhor que a dos outros. Pura competitividade feminina. Um horror isso, mas acontece. Aconteceu comigo.

Histórias de amor lembram princesas. Algumas moças têm vergonha de dizer que gostam de princesas. Eu não. Gosto muito. Especialmente da Aurora, lembra? Mais conhecida como A Bela Adormecida — uma mulher que passa 100 anos dormindo e acorda com o príncipe que enfrentou o dragão mais assustador do cinema infantil tem seu mérito. Boa história de amor. Gostaria de ter entrevistado Aurora para este livro, só para saber o que rolou depois do felizes para sempre. O cara chegava das aventuras sempre disposto a noites incríveis de amor? Ela continuou achando que era ele o mais corajoso do universo ou começou a bocejar depois de ouvir pela quadragésima vez aventuras heróicas após o expediente? Nunca vou saber. Nem você. Então deixei de lado a fantasia (que também tem a sua utilidade) e parti para a vida real.

Tive um avô que soube dar provas de amor pela mesma mulher durante a vida inteira. Inspiração em pleno território doméstico. Sempre achei minha avó uma pessoa feliz com o marido que tinha. Mas só fui ter certeza de que ele também era um sujeito muito feliz com a mulher que conquistou aos 17 anos (muito mais modestamente do que qualquer príncipe) numa tarde de junho, em um Dia dos Namorados. Ele me puxou de lado e disse: "vamos escolher um presente para a sua avó". Veja bem, ele tinha seus setenta e tantos anos a essa altura. E estava preocupadíssimo em não decepcionar minha avó numa data mundialmente festiva entre adolescentes e recém-casados, na melhor das hipóteses. Pois ao chegar na lojinha do bairro ele foi direto ao clássico urso de pelúcia. Branco como a neve e com um coração vermelho pendurado no pescoço, no qual se lia outro clássico: eu te amo. Meu avô já não está mais aqui, mas o ursinho sim. Na cama da minha avó quase centenária e que se lembra, todo santo do dia, do quanto amava meu avô Caetano.

Depois desse resgate pessoal, preciso repetir o que qualquer mulher sabe: toda história de amor é ao mesmo tempo simples e complicada. Fácil de contar, mas difícil de explicar. Foi assim em todas as entrevistas. Vi mulheres superpoderosas, dessas que sabem que, aconteça o que acontecer, não podem chorar na frente do funcionário mais próximo, virarem meninas de 15 anos ao atenderem uma ligação do amado no meio da conversa. Também vi homens sérios, daqueles que não costumam demonstrar emoções e muito menos chorar em público, se desmanchando ao descrever detalhes da conquista e também os momentos tensos e as loucuras que foram capazes de fazer por suas mulheres. Teve também a seguinte cena, repetida mais de uma vez no decorrer das entrevistas: a pessoa está ali, contando sua história de amor e, de repente, pára tudo. Um minuto de silêncio, às vezes seguido de lágrimas nos olhos. Elas mesmas não acreditavam na própria sorte. Amor também está relacionado com sorte. Não se diz por aí: que sorte fulano ter encontrado a fulana?

Sim, uma sorte tremenda. Mas você precisa estar aberta às possibilidades. Como nas histórias que vêm a seguir, o homem ou a mulher da sua vida pode estar na arquibancada do clube (como na história da Andréa e do Joel), atravessando a rua na sua direção (como aconteceu com Glória Pires e Orlando Morais) ou em cima de um palco, com você de espectadora (momento tietebem-sucedido vivido pela atriz Débora Falabella, que conheceu assim o músico Eduardo Hipolitho).

Falar de amor nunca foi a minha especialidade. Mas viver de maneira apaixonada sim. Escrever um livro de histórias de amor, portanto, me fez pular do estágio do pensar e do viver para o de ter de falar. Sobre um tema que é cheio de caminhos estranhos, apesar de muito populares. O início de toda história de amor, por exemplo. Todo mundo conhece. Momentos de loucura, de ficar sem os dois pés no chão, de olhar para frente e enxergar apenas o alvo da sua adoração. Atitudes estúpidas, muitas vezes infantis. Medo, insegurança. Eu sou sua, você é meu. Puro clichê amoroso, mas que dá vontade de repetir quantas vezes forem necessárias. É isso, afinal de contas, que todo mundo busca, deseja, quer nesta vida. Mesmo que o preço a ser pago por tamanha ambição seja alto.

Aliás, já reparou que os distúrbios provocados pelo primeiro estágio do amor são os mesmos que ocorrem no final? Coração disparado, por exemplo. Acontece, com sorte, durante beijos espetaculares, transas maravilhosas ou simplesmente por conta de alguma frase de efeito colocada no tempo certo. Mas você também pode sentir o coração aos pulos e achar que está passando muito mal, que pode morrer até, a qualquer momento — só que pelo motivo inverso: a falta do amor ou apenas a sensação da falta, a possibilidade de não ter e ainda querer, muito. É a parte que dá mais medo. A de se jogar e se dar muito mal no final. Uma hipótese que sempre deve ser levada em consideração, claro. É só por isso, afinal, que se sofre de amor.

Está aí a diferença entre viver o amor e se deixar levar por ele. Ficar atento ou disperso. Algo muito parecido com o que ocorre quando você não tem mais tanta certeza de estar com o amor da sua vida. Acontece. E, nesse momento, você joga a toalha e parte para outra. Ou então revisa a própria história e encontra um bom motivo para continuar nela. Num dia de desgosto, qualquer mulher pode achar que não é mais nada daquilo. Daquilo que a gente sente quando está amando. De ficar louca de felicidade por conta de um encontro inesperado ou de, sem mais nem menos, ter a certeza de estar no único lugar que poderia estar e com uma pessoa que só pode ser aquela, que você escolheu no meio de tantas outras. Pois, num desses dias, achando que o amor acabou, você resolve rever a própria história. E, de lembrança em lembrança, começa a suspirar e se pergunta: "como posso achar que não amo mais esse homem?" E, assim, ter a certeza de estar mais uma vez no lugar certo. Coisas de mulher, que homem nenhum entende.

Esqueci de dizer que um médico amigo, no decorrer desse meu ano de emoções à flor da pele, traduziu os primeiros momentos do amor como um surto psicótico — que deve ser vivido, sem dúvida, mas com a consciência de estar em um outro patamar da sua existência. Porque o amor faz com que a gente saia do prumo por um tempo. Para depois provar que, só por causa dele, vivemos na estabilidade. Não a parte chata, estática, sem movimento. Mas a parte boa. A de poder ficar em silêncio e dizer muitas coisas. A de tremer com um beijo roubado no meio da noite como se fosse a primeira vez. Amor também tem a ver com estados de espírito inéditos. E com entregas sem vergonha. *Like a virgin, touched for a very first time...*, como na música da Madonna.

Tem ainda quem acredite que pessoas que se atiram com tudo nos braços do outro são malucas. Prefiro acreditar que elas têm é desprendimento para encarar o que vier pela frente. Tudo depende do ângulo que se observa a cena. Por hora, sei apenas que o amor é uma das únicas coisas nesta vida em que sempre vale arriscar. Estar preparado para correr riscos faz parte do pacote amoroso. Os entrevistados deste livro, todos, nunca deixaram que o medo os impedisse de viver suas próprias histórias. É esse um dos princípios que rendem bons enredos. Um começo promissor que depende, claro, da habilidade de cada dupla para lidar com as dores e as delícias, só para citar outro clichê em torno do tema. Mas chega de falar, pois o amor depende da ação. A partir de agora, entregue-se às grandes conquistas e amores possíveis que começam na página ao lado.

Chris Campos

ADRIANA e JOÃO

*A escritora **Adriana Falcão** e o dramaturgo e roteirista **João Falcão** se encantaram um pelo outro em uma manhã de 1977, no pátio de uma universidade em Recife. Mas só foram se dar conta de que já pertenciam um ao outro onze anos depois. Por causa do beijo, do humor parecido que compartilham, dos planos que adoram fazer juntos e do prazer que sentem na companhia do outro, estão casados desde 1988 e têm duas filhas. Além delas, Adriana tem outra filha do primeiro casamento.*

nada é por acaso

O beijo é sempre a causa do estrago. Pode ser um horror e acabar com uma história antes mesmo de ela começar. Ou pode ser a primeira evidência de que você encontrou a pessoa certa. Adriana desconfiava que amava João. Percebia olhares estranhos e um encantamento que não sabia explicar. Mas teve certeza de que só podia ser amor, ou algo muito parecido (será que existe?), depois do beijo, o primeiro deles. O que deixou claro que ela só poderia ser dele. Que a fez perder o sono e conhecer a porta de entrada para um caminho que ainda não havia trilhado. A sensação de "então o amor é isso?". Sim, é isso. O beijo nunca falha. Com os dois não podia ser diferente, apesar do tempo de espera para que ele acontecesse e servisse de marco para uma história de amor das mais lindas.

Quando se viram pela primeira vez, estavam na fila da matrícula para o curso de arquitetura que Adriana nunca soube por que raios quis fazer. Quer dizer, depois soube. Para conhecer João. E, na fila, foi um encantamento instantâneo. Os dois se olhando, se observando. Ela o achou lindo. Ele não conseguiu tirar os olhos dela. Ela estava noiva. Apesar da atração, cada um foi para o seu lado. Só foram se encontrar de novo seis meses mais tarde, às vésperas do casamento dela, que duraria oito anos. Adriana, romântica e sonhadora, praticamente uma moça do século 19 perdida em outro tempo, casou de véu e grinalda, virgem, aos 17 anos, com autorização dos pais, com o professor de matemática que foi seu primeiro namorado e, até João aparecer na história, o único. Depois do casamento, ela e João viraram os melhores amigos. Uma dessas parcerias que acontecem, com sorte, vez ou outra na vida. Às vezes acontece nunca.

Eram muito diferentes um do outro. Mas encontraram pontos em comum suficientes para logo formarem uma dessas duplas que compartilham tudo. Viviam um na casa do outro. Conheciam as famílias, pelas quais nutriam afeição verdadeira. Quando João casou, a mulher dele virou amiga de Adriana também. Íntima a ponto de, após ter passado uma noite acordada cuidando de um mal-estar de João, pedir para Adriana vir rendê-la pela manhã. "Vem, Adriana, porque só você pode fazer isso por mim", disse ela. Adriana foi, sem saber que seria dela essa tarefa dali a um tempo, sempre que fosse necessário.

Quando o casamento de Adriana começou a dar sinais de que não era mais essas coisas, foi no ombro de João que chorou. Ele idem, quando, na mesma época, separou-se da mulher. Os olhares estranhos e a sensação de encantamento seguiam firmes. Mas nem um nem outro tinham certeza do que estava acontecendo. Com o beijo tiveram. Aconteceu numa noite, quando Adriana deixou João na porta de casa. Ela nunca mais foi a mesma. Nem ele. Porque resolveram ser um só depois do beijo. Adriana gosta de dizer que nada acontece por acaso. Principalmente quando os dois resolvem ter o mesmo pensamento simultaneamente. Acontece com freqüência, e eles acham sempre incrível. Adriana continua achando João um homem bonito, que ela chama de Joãozinho quando está em casa. Com uma doçura que só tem quem ama muito.

ANDRÉA e JEFFERSON

A atriz e consultora de varejo ***Andréa Thomé*** *e o artista plástico* ***Jefferson José Gabriel*** *se conhecem há 20 anos e estão casados há dez. Têm uma filhinha de três, tão agitada quanto os dois. Foi por conta de um olhar que Andréa confessou ter enxergado o homem por trás do amigo. Ele, até hoje, diz não ter a menor idéia de que olhar tenha sido esse.*

o dia em que a ficha cai

Existem amigos que sabem que podem ser mais do que amigos, mas, por falta de coragem, medo de arriscar ou de comprometer a relação, deixam sempre para depois. E deixar a felicidade para depois, esse sim é um ato que tem seus riscos. Andrea e Jeff foram membros desse clube durante anos. Amigos que iam juntos a todos os lugares. Nasceram na mesma rua da Vila Mariana, em São Paulo. Freqüentavam os mesmos bares e passavam férias com os mesmos amigos nas praias do litoral paulista. Numa dessas temporadas caiçaras, um dia Andréa notou um olhar diferente do amigo, e que expressava tudo o que ele nunca havia dito com palavras. Foi nesse momento que ela percebeu o óbvio, ainda sem saber como reagir. Ele idem. Abriram então uma brecha na amizade. Iniciaram um caso amoroso sem deixar ninguém saber. Foram amigos-amantes durante um tempo e, ainda sem palavras que justificassem uma continuação na história, um e outro tomaram rumos distintos.

Andréa se casou, ciente de ter deixado para trás um amor mal-resolvido. Jeff foi padrinho de seu casamento e ela, vejam só, assume que no chá-bar, na despedida de solteira, rolou um clima entre os dois. Mesmo assim, seguiu em frente. Ficou um tempo sem ter notícias do amigo. Até que numa tarde, quando já estava em processo de separação, depois de três anos de casamento, Jeff apareceu de novo. Iniciou aquele famoso rodeio. E só então trocou o silêncio por palavras mais amorosas – mesmo que ditas em tom de brincadeira.

Andréa percebeu o interesse do amigo, mas, na época, estava disposta a borboletear um pouco. Enquanto o certo não aparece, a gente se diverte com os errados. Não é assim que dizem por aí? Foi o que fez, achando o máximo estar novamente no time das solteiras. Seis meses se passaram. Um dia, Andréa estava feliz da vida em casa, acompanhada de algumas amigas e o namorado do momento, quando Jeff apareceu de surpresa — e não gostou nem um pouco de avistar um sujeito no lugar que ele deveria ocupar. Só então se deu conta de que poderia se perder na própria história. Foi para casa transtornado. No dia seguinte, ligou perguntando por ela, que estava no meio de um supermercado, e disse: "Estou indo pra aí, me espera só um pouquinho". Foi. Voltou com Andréa e os pacotes todos para a casa dela e nunca mais foi embora. Desse jeito, como fazem amigos mais abusados.

"Descobrimos que a amizade sempre vai ser a base da nossa história. Mas também sempre teve muita paixão, mesmo que disfarçada. E o que sempre esteve claro foi a cumplicidade. O Jeff sempre soube como lidar comigo. Conheço os defeitos dele, e ele os meus. Existe uma liberdade muito grande entre nós. Ele é um cara que nunca me segurou, que sempre me deixou livre para ser quem sou hoje e também quem pretendo ser daqui pra frente. Só isso já fez valer o tempo de espera." Palavras de Andréa.

ANDREA e RODRIGO

*A advogada **Andrea Grotta Ragazzo Brito** e o advogado **Rodrigo Severino Brito** ainda não conseguiram ter o filho que tanto querem. Enfrentaram cinco gestações interrompidas. A justificativa médica: uma rara compatibilidade sanguínea entre os dois que impede que a gravidez prossiga normalmente. Ela ainda não desistiu, quer que Rodrigo tenha o prazer da paternidade, assim como ela tem prazer de ser mãe. Rodrigo adoraria, mas, mesmo que o filho não venha, vai continuar sendo um homem realizado só por ter ao seu lado a mulher e Pedro, filho do primeiro casamento de Andrea.*

flores na madrugada

Em algum dia de abril de 2002, às três da madrugada, na portaria de um edifício paulistano, ocorreu o seguinte diálogo entre um rapaz de 29 anos — abraçado a um maço gigantesco de flores e que tentava ser anunciado pelo interfone — e o porteiro do prédio, sujeito cioso de seus deveres que relutava em aceitar o pedido em horário tão inoportuno:

— Acredito que o senhor seja casado, não?

— Sim, sou, respondeu o porteiro.

— Há quanto tempo?

— 50 anos.

— Então o senhor provavelmente encontrou o amor da sua vida. Ou estou errado?

— Encontrei, claro. Mas não estou entendendo onde essa conversa vai dar...

— Pois então, eu também encontrei. Ela mora no terceiro andar e o senhor faça o favor de avisá-la que estou aqui, porque preciso dizer isso para ela agora. Não pode ser amanhã. Eu preciso, o senhor me entende?

— Sim, claro que entendo, respondeu o porteiro, já comovido com o discurso, mas não a ponto de colocar o pescoço em risco por conta de um arroubo de romantismo.

Ele não deixou o rapaz subir, mas ligou para o apartamento e avisou que as flores seguiam pelo elevador. Quando Andrea leu o cartão, "com as palavras mais lindas que alguém já me disse na vida, com uma sinceridade e uma certeza desconcertantes", teve uma reação de duplo bom senso. Autorizou a entrada do rapaz no prédio. E, com isso, parou de achar que Rodrigo era bom demais para ser seu.

Rodrigo fez a cena do porteiro do prédio como recurso de salvação, última chance de demonstrar o que já sabia ser certo desde o primeiro dia em que botou os olhos em Andrea, dois meses antes. Isso sem ter dado um beijo sequer, um abraço mais apertado que fosse. Tinha uma certeza antecipada de sucesso — que muitas vezes é confundida com exagero ou sintoma do surto do primeiro estágio do amor.

Rodrigo é sete anos mais novo que Andrea. Por isso, num primeiro momento, ela achou que o relacionamento seria uma catástrofe anunciada. Apesar de ser uma mulher linda, dona do próprio nariz, sócia de um escritório de advocacia bem-sucedido, ela duvidou da própria sorte. Sabe quando você acha que o pacote é perfeito demais para ser verdade? Insegurança pura. Por isso teve medo de improvisar.

Quando encontrou Rodrigo pela primeira vez, Andrea tinha 36 anos, um filhinho de quatro, um casamento de dez anos desfeito e um coração partido e fechado para balanço por tempo indeterminado. Os dois se conheceram num evento esportivo. Ela como advogada de um dos organizadores, ele como torcedor fanático do time homenageado, o São Paulo Futebol Clube. Nesse dia Andrea deu muitas risadas com Rodrigo, conversaram sobre tudo e mais um pouco e ficou uma empatia mútua no ar. Ela então abriu uma brecha e deixou Rodrigo entrar na sua vida, mas só um pouquinho. Seguiram o roteiro básico de um relacionamento que acaba de começar: jantares, telefonemas de horas, mensagens trocadas durante o expediente. Conheceram-se o quanto puderam, e quiseram. Até que Andrea, no meio de outra madrugada, esticando a conversa depois de mais um jantar entre os dois — com um medo louco de entrar numa roubada por conta da diferença de idade — avisou no dia seguinte: "Chega, estou começando a ficar apaixonada e isso não vai dar certo, simplesmente não vai". Pediu para Rodrigo não ligar mais, sumir. Ele achou tudo um grande absurdo, confiante que estava de que as coisas podiam dar certo sim. E não precisava conferir o RG para se tocar de que ali havia uma história boa a ser começada.

Fez tudo o que um homem apaixonado é capaz quando está disposto a ficar com uma mulher. Preparou cenários românticos, desfiou palavras amorosas, foi o mais sincero que pôde. Ela não precisava de tudo isso para saber que também estava apaixonada. Mas só se rendeu quando percebeu que seria burrice seguir com preconceitos que só existiam na sua cabeça.

Rodrigo sempre foi o primeiro a assumir as diferenças e a se vangloriar delas. É um homem que adora exibir a mulher amada, que berra no meio do shopping frases do tipo "quem é a coisa mais linda do mundo?" No meio da escada rolante, na frente da mãe, do pai, do melhor amigo, do porteiro do prédio... Andrea no começo achava graça, para depois perceber que ali havia sinceridade de sobra para espantar qualquer preconceito que passasse pela sua cabeça.

Os dois estão juntos desde o dia seguinte ao episódio das flores. Rodrigo mudou-se para o apartamento dela e iniciaram um projeto mais sério: ter mais um filho, já que desde o princípio Rodrigo adotou o dela como seu. Declarou que amava os dois, mãe e filho, em alto e bom tom várias vezes. A mais emocionante, que arrancou lágrimas da platéia presente, foi em uma das duas festas de casamento que tiveram no finalzinho de 2006 — uma para a família, numa casa de praia, outra para os amigos, numa balada histórica,"o melhor casamento do mundo", segundo Andrea.

Quando se lembra de um dos muitos episódios que fizeram com que descobrisse em Rodrigo um amor que nunca havia experimentado, Andrea se emociona. Especialmente de uma passagem, no meio da crise de idade que inventou como obstáculo para ser feliz. Quando Rodrigo disse que, se precisasse morrer por ela, não se importaria. Foi uma das três vezes em que ela ficou com lágrimas nos olhos durante a entrevista. Diz Andrea: "Rodrigo é um cara resolvido, não tem incertezas, vai conquistando o que está em sua volta, sabe o que quer e vai atrás, um homem que não economiza sentimentos". Hoje ela sabe que nada pode acabar com a afinidade e o amor que um sente pelo outro. Mas, por via das dúvidas, bate na madeira quando sente uma pontinha de medo.

ANDREAS e PATRÍCIA

*A produtora musical **Patrícia Kisser** nunca pediu para o guitarrista **Andreas Kisser** cortar o cabelo ou reclamou das tatuagens que ele ostenta pelo corpo. Mas conseguiu fazer com que trocasse calças rasgadas e tênis com uma década de shows no currículo por um figurino mais glamouroso. Hoje, se precisar, ele usa até terno do Alexandre Herchcovitch.*

harmonia

Querer é poder. Pelo menos é o que dizem livros de auto-ajuda, para os quais a chave do sucesso é pensar positivo e acreditar. Andreas Kisser, guitarrista do grupo Sepultura, heavy metal por essência, entrou nesse embalo meio sem querer quando encontrou Patrícia. Há 17 anos, era um cara da banda que ainda não tinha estourado. Estava solteiro quando Mônica, que nessa época namorava Igor Cavalera, parceiro de banda, resolveu que ele "tinha de conhecer" Patrícia, sua amiga e supostamente a mulher perfeita para ele.

Durante meses, Mônica falou dela para ele, e dele para ela. Foi assim que se conheceram, por vias indiretas — o que poderia ter gerado uma antipatia mútua depois de tamanha insistência. Foi nessa hora que a tal força do pensamento positivo entrou em cena. Um belo dia, Mônica levou Patrícia ao ensaio da banda. Marcaram um encontro na padaria da esquina. Andreas, entretido com um cheeseburguer quando Patrícia chegou, não se abalou. Mas teve uma dessas sensações que só acontecem quando se está confortável o suficiente com a situação. "Foi estranho porque eu já estava gostando dela antes desse encontro. De tanto a Mônica falar, criei uma expectativa positiva. Queria conhecer a Patrícia porque de uma certa forma acreditava que a história podia dar certo."

E deu, apesar da distância abissal de gostos e estilos de vida entre as partes envolvidas. Ele, roqueiro, metaleiro. Ela, estudante de medicina e apreciadora de um som, digamos, diferente. Chitãozinho e Xororó entre os favoritos na coleção de CDs. Andreas gostou dessa parte. Principalmente por estar acostumado a namoradas do tipo groupies-enlouquecidas, mais dispostas a estar com o cara da banda do que com o sujeito que come cheeseburguer na padaria da esquina. Com os dois, o que cada um fazia era problema de cada um. E só. Patrícia topou o encontro por confiar na aposta da amiga. Ele, por estar aberto às possibilidades. Ficaram juntos logo depois do primeiro encontro. A banda estourou, o Sepultura ganhou projeção internacional, e Andreas teve certeza de que amar é: a pessoa que está ao seu lado ter desprendimento suficiente para embarcar no sonho do outro. Quando avisou Patrícia de que precisaria se mudar para os Estados Unidos, ela topou na hora. E, em vez de começar a dar expediente no hospital, carregou as malas para um quarto na casa de um amigo de Andreas.

Começaram a história ali, só os dois, em território americano. Nessa época, tinham expectativa zero com relação ao que iria acontecer na seqüência. Estavam juntos e o que viesse dali em diante era lucro. Algo possível apenas quando você não tem dúvidas na cabeça ou está aberta o suficiente para saber viver o momento, sem pressões desnecessárias impostas pelos padrões de "certo e errado" do mercado — o que geralmente acaba com qualquer história de amor. "Também nunca quisemos ser o que não somos. Quando você aceita o que é, o amor é conseqüência. Você não cria situações ilusórias. Muita gente casa e muda. Não entendo isso. Muda amizades, conceitos, muda fisicamente. Aí tem filho e muda de novo. Muitas desilusões amorosas acontecem por você não saber, em primeiro lugar, quem você é", diz Andreas. No aniversário de 30 anos de Patrícia, ele teve outra luz sobre o amor da sua vida. Andreas compôs para ela uma música chamada *Harmonia,* que consta de seu primeiro CD solo. Escreveu uma poesia de próprio punho e chegou à conclusão de que o conjunto da obra representa o que mais preza em sua história: "Uma música sem harmonia é uma música perdida, a Patrícia é a harmonia na minha vida".

ARTHUR e MARAÍ

Os arquitetos ***Arthur de Mattos Casas*** *e* ***Maraí Valente*** *se estranharam à primeira vista. Se um dia se tornassem amigos, já seria lucro. Mas foram se conhecendo devagarinho, se aproximando aos poucos, derrubando imagens preconcebidas e se aceitando como são. Estão juntos há oito anos.*

"ai, ele é o homem da minha vida"

Às vezes é preciso ser menos princesa num relacionamento. Princesas esperam muitas coisas. Que o ser amado lhe traga o mundo de presente, que tenha arroubos de romantismo nas situações mais variadas. Esperam ainda ser pedidas em casamento de uma maneira criativa, como nos filmes mais melados. E, claro, que ele esteja de bom humor *full time*. Mulheres espertas não esperam nada disso. Vão lá e fazem, assunto resolvido. Na história de amor de Arthur e Maraí, ela sempre teve papel decisivo em momentos importantes, mas também no dia-a-dia, buscando, com pequenos gestos, deixar tudo sempre mais gostoso para os dois.

Eles se conheceram no trabalho. Recém-formada, Maraí queria trabalhar no escritório de um arquiteto renomado. Mas não de qualquer um. Tinha de ser no de Arthur. Batalhou muito até conseguir uma entrevista e ser finalmente contratada. Ela conhecia e admirava o trabalho dele, mas nunca tinha visto o homem, famoso pelos projetos sofisticados. Quando bateu os olhos nele, na hora a antiprincesa teve um dos seus raros momentos de princesa. Pensou: "Ai, ele é o homem da minha vida".

Cinco minutos depois, ao conferir o portfólio da estreante num território profissional que ele já dominava há anos, Arthur, ignorando os pensamentos de Maraí, iniciou o seguinte diálogo:

— Foi você quem fez esse trabalho?

— Sim, fui eu, trouxe para você ver.

— Duvido. Você copiou do escritório e trouxe de volta, não é possível.

Maraí, em choque com essa descabida acusação, ficou sem fala. Pior: Arthur estava apressado, saindo para uma viagem a trabalho e deixou a incumbência da escolha da candidata para uma pessoa de sua confiança no escritório. "Um grosso", essa foi a impressão que ficou.

Quando ele voltou de viagem, Maraí já era sua estagiária. A partir dali passaram a conviver diariamente. O encantamento da estréia (dela) foi logo substituído por um ódio súbito. Maraí ficava irritadíssima com algumas atitudes de Arthur — como o fato, por exemplo, de todo santo dia ele se levantar da cadeira (no antigo escritório, as mesas eram muito próximas) e, com o movimento, bater na dela. Todo santo dia.

Depois de seis meses, ela já estava quase desistindo do emprego dos sonhos. O bode pessoal virou também profissional. Ela não se sentia feliz com os projetos que estava fazendo e percebeu que havia algo muito errado no ar: passou a ter medo do homem que a fez tremer na base num primeiro momento. Como é uma mulher inteligente, foi para casa, repensou suas atitudes e decidiu que ou ela mudava de estratégia ou teria de procurar outro emprego.

Passou então a adotar a tática da simpatia. Arthur chegava no escritório e ela logo abria seu melhor sorriso. Também se sentia mais segura para sugerir trabalhos que tinham mais a ver com ela. De repente, passou a adorar o que antes achava apenas simpático, como o hábito de Arthur cantar enquanto desenha seus projetos. Ele, por sua vez, começou a ser mais gentil, a convidá-la para almoçar um dia, outro também.

Até aí o clima era estritamente amistoso. Uma noite, no entanto, ele decidiu convidá-la para uma festa e a atitude passou de amistosa para amorosa. Tentou um beijo e Maraí recuou com o seguinte argumento: "Arthur, não vou te dar um beijo porque só vou beijar quem vai ser meu namorado. Não é nada pessoal, é uma postura minha com os homens. Não vou beijar por beijar, nem você, nem ninguém". Ele parou de insistir por um tempo, provavelmente intrigado com a reação da moça.

Algum tempo depois, durante uma viagem que fizeram juntos, a trabalho, ele a convidou para jantar com um grupo de amigos. Foi muito delicado nessa noite, levou-a para tomar um drinque depois do jantar, rolou um clima e o beijo foi inevitável. Começaram a namorar. Tudo muito bom até Arthur ter um momento de crise. De não saber se era isso mesmo. E pedir um tempo. Co-mo as-sim?

Maraí, mais uma vez, teve de ser a antiprincesa. Deu-lhe um ultimato: "Arthur, não sou mulher de dar tempo. Ou namora ou não namora". Ele decidiu namorar. Pouco tempo depois, Maraí decidiu se mudar para a casa dele. Ela morava com os pais e não agüentava mais a rotina de fazer a malinha para dormir com o namorado. Foi, pronta para o que viesse pela frente.

O começo não foi assim tão simples. Arthur havia passado 40 anos solteiro. A casa era dele, desenhada por ele, com os empregados dele e a rotina dele. Ela precisava ocupar seu próprio espaço, uma batalha vencida com o tempo, aos poucos — anos, no caso. No início do relacionamento, brigaram muito. Por motivos bons e também pelos mais bobos. "O relacionamento com alguém é um trabalho diário, sempre tive essa noção muito clara. Um tem de aceitar as manias do outro, o temperamento diferente e encontrar um equilíbrio nas diferenças. Não sou fácil, o Arthur também não, mas trabalhamos muito para que fique tudo bem entre nós."

Entre as atitudes que só fazem bem para dupla, Maraí destaca três. A primeira é saber respeitar o espaço e os gostos do outro. Ela é mais festeira, gosta muito de visitar os amigos. Arthur é um pouco mais reservado. Então ela faz os dois programas que adora sempre que Arthur tem de viajar a trabalho. A segunda é não ser a chata que fica perguntando tudo a toda hora. "O Arthur não precisa ficar me dando relatório, dizer com quem almoçou, com quem tomou café, essas coisas só desgastam o relacionamento", diz Maraí.

A terceira: ter um tempo só para os dois, seja em viagens, nos três dias da semana reservados para jantar fora, nos filminhos, nas conversas sobre o que realmente interessa. “Damos duro para ser sempre interessantes um para o outro”, resume Maraí.

Não trabalhar mais juntos foi outra decisão em benefício do bem-estar comum. Hoje Maraí trabalha num escritório montado em sua casa, também para ficar mais perto da filhinha que tiveram há quatro anos, Nina, outro fruto de uma decisão de Maraí. “Falei para o Arthur que tinha parado de tomar pílula e que queria ter um filho. Ele titubeou um pouco. Dei outro ultimato: ‘se não quiser, me avise, porque isso é muito importante pra mim’.” Além de realizar a vontade de ser mãe, Maraí também acha que um filho é muito importante para enxergar as próprias falhas: “Se a criança faz algo errado, é porque nos viu fazer também. Filho é um aprendizado diário”.

Maraí e Arthur estão juntos há oito anos. Ela se diz mais apaixonada por ele hoje do que quando se conheceram. Porque passou a admirar o que ainda não conhecia no marido. Enxerga nas diferenças entre os dois muitos pontos positivos. E acredita que, se fossem iguais, seriam uns chatos um para outro. A perfeição que fique para os livros de contos de fadas.

BRUNA e CARLOS ALBERTO

*Dizem por aí que reformar a casa é um dos movimentos mais arriscados do amor. Muitos casais se separam durante, ou logo depois, de terminada a obra. Com o ator, produtor e diretor de cinema **Carlos Alberto Riccelli** e a atriz e escritora **Bruna Lombardi** isso nunca aconteceu. Pelo contrário, adoram uma metamorfose doméstica. Já reformaram as três casas em que vivem diversas vezes. Assim que termina uma obra, já estão pensando na próxima. Tudo em nome do movimento constante.*

"me dei bem"

Bruna e Riccelli trocaram olhares pela primeira vez num avião que seguia rumo ao Xingu. Os dois estavam prestes a formar o par romântico da novela *Aritana*, sucesso no final dos anos 70 — e também a iniciar um romance na vida real. Uma dupla história de amor, portanto, e que começou com enredo fabuloso. Passaram um mês trajando um figurino indígena resumido a alguns centímetros de tecido. Nadaram juntos em rios quentes, tomaram banho de cachoeira, se beijaram e começaram a namorar nesse cenário idílico. Imagem que Bruna não poderia ter nem em seus pensamentos mais delirantes. Chegou até a ficar um pouco ressabiada por achar que era bom demais para ser verdade. Para resumir o que sentiu pelo homem que passaria os próximos 25 anos ao seu lado, pensou apenas: "Me dei bem". Quando acorda e fica olhando para ele, como gosta de fazer até hoje, pensa: "O que fiz para merecer esse homem?".

Se ela fizesse outra pergunta — o que fizeram para merecer um ao outro? —, teria a resposta na ponta da língua. Porque ninguém vem de presente para ninguém. É uma troca. Sempre tem um que ganha, outro que recebe, tem de presentear de volta e por aí vai. Pelo menos nas histórias que fluem, como a dos dois. Quando cumprem-se acordos informais espontaneamente. E nisso os dois são bons.

São criaturas diferentes no agir, mas que olham para o mesmo lado na hora de sonhar e de fazer planos. Porque em questões amorosas pode quase tudo. Menos trilhar caminhos imaginários distintos. Isso porque, quando o sonho de um é insignificante para o outro, geralmente chega-se ao fim. Desejos partilhados fazem duplas imbatíveis. E é por conta deles, do que mais importa individualmente, que um e outro se dispõem a permanecer juntos. No caso dos dois, juntos em tempo integral. Seja no trabalho ou em alguma das três casas que mantêm em três cidades: Los Angeles, São Paulo e Trancoso, na Bahia.

Movimento. É outro mantra que perpetuam como podem. O que combina especialmente com Bruna. Ela nunca pensou nos próximos capítulos, no "será que vai dar certo?" Sempre manteve-se ocupada com o presente, o que importa de verdade. Não pensa muito no passado. Nem sabe dizer se ficará com Riccelli para sempre. Tudo pode acontecer, até questionamentos. Como no dia em que Bruna estava enfurecida com o marido e resolveu fazer um desses testes imaginários que as mulheres adoram fazer para ver se a dupla ainda funciona. Eles estavam num museu em Los Angeles. Exposição de Picasso. "Se ele escolher como favorito o quadro que eu mais gostei, vai ficar tudo certo", pensou Bruna. Cada um foi para um lado, com encontro marcado na saída. Ali, Bruna aplicou seu teste. E não é que Riccelli havia gostado da mesma obra?

Na história que decidiram viver, os dois se apaixonaram da maneira que todo mundo se apaixona (ou espera se apaixonar) ao menos uma vez na vida. Tiveram seus momentos de encantamento na estréia. Mas ficaram juntos porque gostam do resultado da soma, do que se tornaram na combinação. Bruna diz ser uma pessoa melhor por causa do amor que sente pelo marido. E por isso se apaixonou por ele muitas outras vezes – não só pelo homem, mas pelo que realizaram juntos durante o percurso. "A vida é uma jornada", diz Bruna. "Um dia você está louco ou perde o foco. E aí vêm as escolhas. Vou tentar melhorar? O bonito de uma vida juntos está no crescer juntos, no jeito como você encara as situações. Chorar e rir são dois momentos muito próximos. A escolha é sempre sua."

CARLA e ANTÔNIO

*A representante comercial **Carla Oliveira** e o diretor comercial **Antônio Silveira** ainda não se casaram oficialmente, mas estão morando no mesmo endereço depois de 20 anos como amantes. Legalmente, ele ainda é casado. Por achar que a publicação de sua história pode atrapalhar o processo de separação, pediu para que os nomes reais do casal sejam omitidos. Está bem, pois quem somos nós para atrapalhar uma história de amor?*

amante sim, infiel jamais

Às vezes acontece e você se apaixona por quem não devia. Carla conheceu Antônio quando tinha 20 e ele 23. Ela solteira, numa visita a uma das lojas que compravam os produtos que representava. Do outro lado da mesa, Antônio – casado e com a primeira filha a caminho. Foi um desses casos de amor instantâneo: "Sempre soube que era ele o amor da minha vida, desde o primeiro dia em que nos vimos. Sempre foi e sempre vai ser o amor da minha vida".

Antônio não se separou. Carla esperou 20 anos por Antônio. Durante esse tempo, uma eternidade, ainda mais para os padrões femininos de paciência e ansiedade, Carla nunca quis outro homem. Não beijou, não ficou, não trocou e-mails apaixonados com mais ninguém. Amante sim, infiel jamais.

A seu favor, ela tinha a certeza dos fanáticos. Será ele mesmo? Mas aquele outro não é mais charmoso? Mais alto, mais bonito, mais rico, mais apaixonado, mais trabalhador? Qual desses é o melhor para mim? Essas perguntas jamais passaram pela cabeça de Carla. "Se quisesse, já estaria casada com outro há muito tempo. Não faltaram oportunidades nesses anos todos." Logo, a questão não era se casar. Mas se casar com Antônio. Mesmo que ela tivesse de esperar mais 20 anos a partir de agora. Ou reaprender a conviver com o vazio que ele deixava sempre que voltava para a outra casa, a oficial. Ou que sofresse de ciúmes por mais dez anos, da pior maneira que uma mulher pode viver esse sentimento: sozinha e à distância.

Antônio começou a conquistar Carla fazendo o tipo de loucurinha apaixonada que todas nós adoramos contar para as amigas. Mandou entregar 21 buquês de flores para comemorar os 21 anos dela. Montou apartamento, como faziam os amantes de antigamente. Vivia com ela um romance de filme. "É um homem que está sempre disposto, animado e sempre me deu a certeza de ser ao meu lado, e não com a mulher, que ele era realmente feliz. Eu também sou muito feliz ao lado dele."

Quer dizer... Algumas ocasiões não eram muito fáceis para Carla, que gostaria, como toda mulher normal, que ele tivesse pulado fora do casamento muito tempo antes. Também não foi com Antônio que ela realizou o desfecho clássico das histórias de amor: ter um filho dele. Carla, que aos 19 já tinha uma filha de uma relação que não vingou — a única, aliás, antes de Antônio — nunca duvidou do amor dele. Mas tinha lá seus momentos de pé atrás... Mesmo depois de fazer os cálculos e perceber que, nesses 20 anos, os dois devem ter passado só uns quatro meses sem se ver. E tinha ainda a mulher de Antônio, que sempre soube da existência de Carla. E que inclusive, mais de uma vez, visitou de surpresa os dois amantes.

Ser, ela própria, uma romântica sempre bastou. Depois de 20 anos de namoro, ela não consegue disfarçar o entusiasmo por Antônio. Carrega na carteira o retrato 3x4 para provar, sempre que preciso, o quanto ele é "lindinho". Exibe orgulhosa fotos dos mais recentes melhores momentos de felicidade conjugal no celular. E se emociona ao lembrar de detalhes que fizeram, ao longo dos anos, a relação ficar ainda melhor. "Não sou uma mulher prendada, mas levo as camisas dele para a lavanderia, na hora de dormir deixo o chazinho no criado-mudo. Nunca faço isso por obrigação, é mimo mesmo. Temos uma relação de amizade, cumplicidade, parceria. Sou carinhosa até quando levo um copo d'água pra ele. Isso não é servir, é amar. Nós fazemos tudo junto e sempre felizes. É uma relação de leveza."

No final de 2006, mesmo ano em que Carla e Antônio completaram 20 anos juntos, a mulher dele desistiu de encarar a batalha amorosa, aceitou o pedido de separação e se mudou para Tocantins. Desde então, o caminho ficou livre. "Pretendemos nos casar logo. Estamos comprando o nosso primeiro apartamento juntos. Um lugar que vai ser só meu e dele, com a nossa cara. Não poderia estar mais feliz. Ainda não nos casamos, mas já tivemos a lua-de-mel em Bariloche, que eu sempre quis conhecer. Estou usando aliança porque não ia morrer sem usar uma aliança do Antônio. Só estou na dúvida sobre o que escrever. Porque qualquer data soaria falsa. Então acho que vou mandar gravar: 'Antônio, sempre'. É bonito, né?"

CARLOS e ANDRÉ

*O estilista **Carlos Tufvesson** e o arquiteto **André Piva** figuram há cinco anos como casal no livro* Sociedade Brasileira, *espécie de bíblia do jet set nacional. Foram os primeiros a ocupar esse espaço, que hoje conta com outros casais homossexuais assumidos publicamente. Os dois, separadamente, já haviam sido listados no anuário, mas achavam um absurdo aparecerem em verbetes separados e com o endereço em comum.*

sucesso na relação

Carlos e André comemoram o fato de estarem juntos em algum dia entre 14 e 21 de julho. Semana de festejos da Queda da Bastilha. Bastilha é também o nome do restaurante carioca em que se viram pela primeira vez, sem esticar muito a conversa — Carlos estava de partida para uma temporada de estudos em Milão. Na volta, seis meses depois, se viram pela segunda vez e no mesmo endereço. Desta vez se encontraram de fato. Um desses casos de casamento à primeira vista, já que em duas semanas estavam morando juntos. Isso aconteceu treze anos atrás.

"Quando encontrei o André, logo pensei: ou vou ter uma pessoa do meu lado que vai crescer comigo ou não vai rolar." André é arquiteto e Carlos, estilista. Ambos reconhecidos pelo talento individual. Criativos em suas respectivas áreas de atuação e que se apaixonaram quando nem um nem outro eram os mesmos de hoje. "Ele desenhou o meu primeiro estande no Mercado Mundo Mix, onde comecei a minha carreira. A primeira obra que ele fez, eu ia acompanhar ao lado dele, no meio da madrugada", lembra Carlos.

Os dois formam uma dupla que funciona, inclusive, por um torcer pelo sucesso do outro. Em áreas de atuação perigosas... Nas quais o ego pode gritar, sem dar aviso prévio, e colocar tudo a perder — inclusive o amor. Quantos casais se perdem por pura competitividade? Muitos. Pode ter amor de sobra, mas quando o ego resolve vir à tona, meu bem... É o clássico de não segurar a onda de ter alguém brilhando ao seu lado, mesmo que brilhe na mesma intensidade que você. Com os dois, isso nunca aconteceu.

Carlos vê na amizade e na parceria a única equação romântica possível, pelo menos nos casos que duram. "Antes do André, tive um casamento com uma mulher e outro com um homem muito ciumento. Não acreditava que dois homens pudessem viver uma história de amor.

Acreditava apenas no sexo entre dois homens. Eu me apaixono muito fácil, mas só acreditei que o amor era possível com o André. Por ele tenho uma vida rica em sentimentos e boas sensações. As vitórias que a gente vai conseguindo, degraus que subimos juntos, estão sempre cercados dessa magia da emoção. Sempre agradeço a Deus por isso. E olha que o André é ateu. Uma das nossas muitas diferenças. Quando falo pra ele: boa noite, dorme com Deus, ele diz: ahã", conta Carlos.

Os dois ainda acreditam, com pesos e medidas iguais, na força da combinação. Têm tatuagens idênticas, o signo dos dois entrelaçados — só para provar que nas diferenças também há um denominador comum. Um é escorpião, o outro leão. Se pudessem, teriam oficializado o casamento há tempos. Carlos é militante da união civil entre pessoas do mesmo sexo, daqueles que se envolvem verdadeiramente. Fica revoltado quando sabe de mais um caso em que uma das partes envolvidas se dá mal por conta de empecilhos legais. "Já vi muita família que nunca aceitou a homossexualidade do filho ficar com a herança e deixar quem deveria ter direito a ela numa situação lamentável, financeira e moralmente. Se o André for parar no hospital, eu posso ser barrado por algum médico por não ser da família." Justamente o que são. Moram numa casa linda, desenhada por André, de frente para a Lagoa Rodrigo de Freitas, uma das vistas mais espetaculares do Rio. Carlos se emociona ao lembrar da época em que construíram mais esse sonho de mãos dadas, sem perder a essência de cada uma das partes — definida numa frase que ele adora: “quanto mais você me deixa livre, mais tenho vontade de voltar”.

DÉBORA e EDUARDO

*O músico **Eduardo Hipolitho** nunca tinha ouvido falar de **Débora Falabella**. Sem saber que era atriz, e ainda mais da Globo, encantou-se pela simpatia da morena tímida de sorriso cativante. Ela gostou de ser admirada como mulher, e não como personagem. Como moravam em cidades diferentes, passaram a se corresponder por e-mail. As muitas cartas de amor estão arquivadas no computador de Débora, que, casada há três anos com Eduardo, até hoje suspira quando lembra dessa fase do namoro.*

à moda antiga

O amor da sua vida pode estar na padaria da esquina. Ou, então, em cima do palco, num show de uma banda que você nunca tinha ouvido falar. E o que poderia ser apenas um momento de tietagem momentânea acaba virando uma linda história de amor. Foi exatamente o que aconteceu com a atriz Débora Falabella e o músico Eduardo Hipolitho. Eles se conheceram durante um show numa casa noturna de Belo Horizonte. Ela de espectadora, ele o pop star da situação. Foram apresentados por amigos em comum. Ele não sabia que ela era atriz, famosa muito menos. Ela gostou. Trocaram duas ou três palavras, reclamaram da cerveja quente servida no bar. Ficaram naquele ensaio de querer dizer mais, mas sem saber o quê. Hoje, ela diz que na hora da despedida ficou com um frio na barriga, uma sensação de não poder ir embora sob a pena de nunca mais ter o rapaz por perto. Ele idem. Deram um jeito de prolongar a noite, mais uma vez auxiliados pelos amigos, que sacaram que dali poderia sair uma boa história. Seguiram então para outro estabelecimento. Desta vez trocaram olhares e endereços de email. Nada de beijo. Nenhum abraço significativo. Sinal algum de rompante amoroso além de um presentinho que Eduardo resolveu dar à Débora, agora já sabendo que ela era a mocinha da novela: um *bottom* que carregava na jaqueta, como fazem os adolescentes quando querem conquistar a colega de classe. Débora ficou ainda mais intrigada. Seguiu de volta aos seus afazeres de estrela global. Ele fez o mesmo, em turnês da banda pelo país afora.

Foi só depois do primeiro e-mail que Débora começou, de fato, a se enamorar pelo rapaz com quem trocou alianças há quase três anos, numa igrejinha mineira, de vestido branco e flor enfeitando os cabelos. Ela não fazia questão de nada disso. Muito menos ele, o cara da banda. O músico tatuado que combina com festival de rock alternativo, em algum ponto remoto da Inglaterra, dizendo "sim" em meio ao clima barroco das igrejas de Minas. Pois, como dizem por aí, nem sempre as coisas são o que parecem. Débora e Eduardo, no final das contas, são criaturas românticas, à moda antiga. Que chamam e-mail de carta. Cartas de amor, no caso. E por conta delas foi que Débora se descobriu muito, mas muito apaixonada. Moças como ela gostam de saber mais sobre o outro. Adoram quando sentem sinceridade em cada palavra do homem que amam. Ainda mais quando ele é o primeiro a escrever um "eu te amo", o que sempre é um risco tremendo. Mulheres como Débora também acham incrível descobrir, nas entrelinhas, palavras que o outro poderia querer dizer. Durante meses seguidos Débora e Eduardo namoraram enquanto trocavam correspondência. Tiveram momentos ótimos, de escritos saídos do fundo da alma. E outros tantos de pura angústia. De querer, e não saber ao certo, se o outro estava no mesmo embalo de sensações. Encontravam-se, às vezes, no Rio, onde morava Débora, e em São Paulo, cidade de Eduardo. Mas delícia mesmo eram as cartas. Débora sente saudades delas ainda hoje, com Eduardo como marido, morando na mesma casa.

O saldo de linhas e linhas escritas é um casal que apostou mais na transparência do que na construção de personagens. Débora adora o fato de terem explicitado pensamentos, alegrias, medos e sensações antes do primeiro beijo, da primeira transa, do pedido de casamento e tudo mais. Aliás, resolveram se casar para deixar tudo bem claro ao público em geral. Não que se importassem com esse tipo de convenção social. Mas por estarem de fato muito apaixonados. E gente apaixonada é assim mesmo, quer que todo mundo saiba. É exibida. Quer alardear aos quatro ventos que, sim, um ama o outro. E que é essa uma das maiores conquistas nesta vida. Os dois sabem que ainda é cedo para cantar vitória. Que ainda têm muito tempo de convívio pela frente. Mas também conhecem bem o caminho em que pisam. Sabem que são parecidos nos pensamentos. Às vezes até fisicamente parecidos. Gostam da companhia um do outro. Fazem projetos em parceria. E têm muito clara a noção de que, assim como ocorre em qualquer boa correspondência, a resposta deve ser o mais sincera possível e, melhor, se chegar na hora que o outro mais espera.

DORIS e VALENTINO

***Doris Sochaczewski**, dona da loja de decoração Coisas da Doris, e o fotógrafo **Valentino Fialdini** estão juntos há três anos. Em fevereiro de 2008, os dois tinham acabado de voltar de uma viagem de três semanas a quatro países com jeito de lua-de-mel. Ao desembarcar em São Paulo, ele já estava com saudade de ter a mulher o tempo todo a seu lado. Ela tinha certeza de nunca ter sido tão feliz em toda a sua vida.*

encontro no casamento

Doris conheceu Valentino numa festa de casamento em Ilhabela, no litoral de São Paulo — um cenário que, para algumas mulheres, tem um quê de afrodisíaco. O clima de felizes para sempre no ar, o bolo, o buquê, o vestido, as lágrimas, Frank Sinatra, a noiva circulando feliz entre os convidados, como se tivesse acabado de voltar vitoriosa da batalha de uma vida inteira.

Doris estava na festa por acaso, acompanhada de uma amiga que organizava o evento. Não conhecia ninguém além do noivo e calhou de se sentar numa mesa ao lado do homem que a faria ainda mais feliz a partir dali. Porque feliz ela já era. Aos 41 anos, já havia sido casada por nove anos com o pai de suas duas filhas, vivido gloriosamente a liberdade da vida de solteira dos 30 aos 40, viajado muito, realizado feitos importantes no trabalho. Uma mulher aberta a muitas possibilidades de sucesso, inclusive no amor.

Valentino era mais uma boa oportunidade de felicidade. Tinha 28 anos, o frescor de uma vida leve e sem grandes dramas existenciais. O primeiro beijo aconteceu naquela mesma noite em Ilhabela, ainda no embalo festivo do casamento, Depois vieram convites para um jantarzinho aqui, um cineminha ali. Valentino foi a Paris a trabalho nessa época e foi Doris quem fez o mapa com todas as dicas imperdíveis da cidade. Durante a temporada parisiense, ele ligou todos os dias. Uma hora de conversa, pelo menos. Voltou. A rotina de programas ao lado de Doris continuava.

Quando ela se deu conta, estavam saindo praticamente todos os dias há quatro meses. Valentino, com seus treza anos a menos, era, na perspectiva dela, "praticamente um bebê". Doris gostava de estar com ele. Confiava no próprio taco, mas não tinha a menor intenção de se machucar pelo caminho. Ele percebeu algo estranho no ar e perguntou sem rodeios: "Você não está me levando a sério, está?" Ao que ela respondeu: "Claro que não". Silêncio. A partir dali, Doris começou a prestar atenção ao que a mantinha tão feliz ao lado de um homem que, para ela, não podia ser levado a sério.

Doris percebeu então que o que tinha com Valentino batia justamente com sua teoria amorosa favorita: não basta só o amor, é preciso mais. "Vibramos pelas mesmas coisas, gostamos de arte, de trabalhar juntos, temos um carinho enorme um pelo outro. Ele é sempre muito presente, o que para mim é das provas de amor mais lindas. Muito mais importante do que jóias, presentes, flores. Também não resisto às risadas dele. Nunca resisti. Quando ele ri, sempre penso: como amo esse homem. E ele também deu sorte, porque me conheceu numa fase boa, quando eu já sabia muito bem o que queria, sem inseguranças bobas que muitas mulheres de 20 ou 30 anos costumam ter. Tenho certeza de que só nos encontramos porque eu e ele estávamos nessa freqüência, de encontrar pessoas legais pelo caminho, que te façam bem".

Essa é uma questão que muitas vezes, por conta de sensações avassaladoras, deixamos passar. Quantas mulheres não morrem de amores por homens enlouquecedores? Daqueles que fazem você ficar com a perna bamba, perder a respiração durante o beijo, mas que simplesmente não funcionam no dia-a-dia. Homens que ignoram o fato de que, para ter continuidade, o amor precisa ter uma boa dose de participação na vida real. Preocupações básicas como prestar atenção ao que outro gosta, fazer um agrado na hora certa, estar por perto quando o outro nem sabe que precisa. "Tem gente que quer estar com alguém seja lá de que jeito for, pode até estar sofrendo. Eu não. Estava ótima quando conheci o Valentino e queria continuar ótima", diz ela. Em outras palavras, Doris se apaixonou pelo conjunto da obra, pelo que Valentino representa na sua vida. E não só pelas sensações. É isso que sustenta o amor dos dois.

ELZA e CARLOS

***Elza Maria Figueiredo** trabalha como faxineira há quase 20 anos. Como observadora do cotidiano alheio, já presenciou a euforia de casais em lua-de-mel, separações amigáveis e conturbadas, histórias de amor que seguiram firmes no "até que a morte os separe", brigas, reconciliações... Ela busca a neutralidade quando percebe que uma história de amor chegou ao fim. Mas sua primeira reação é sempre a de apoio ao lado de quem não quer sair da história. Uma questão de solidariedade. Ela mesma nunca quis se separar de **Carlos**, cujo sobrenome se omite por razões, como se verá, compreensíveis.*

aqueles olhos

Existem situações em que tudo parece sair do controle. O bom senso escorre ladeira abaixo e você não sabe por que raios segue adiante com uma história sem salvação. Ou melhor, sabe. Você não quer acreditar, sob o risco de abrir mão de algo que, apesar de sofrido, deixa a sua existência um tanto mais digna. É o que acredita Elza, apaixonada há 17 anos pelo mesmo homem. O único que amou de verdade ao longo de seus 45 anos. Na primeira vez em que avistou Carlos, nas ruas do bairro em que moram, ele estava com o rosto coberto por faixas. Havia sofrido uma queimadura. “Lembro até hoje que ele estava de sapato preto, jaqueta e calça jeans. O rosto todo enfaixado, só dava para ver a boca e os olhos. Quando nos cruzamos, ele olhou bem no meu olho e eu no dele. Não sabia se era preto, branco, loiro, moreno, mas me apaixonei por aqueles olhos”.

Passaram-se alguns meses e um dia Elza reparou num moreno que não tirava os olhos dela. Ele vivia pelo bairro. Cruzavam-se nas calçadas, no ponto do ônibus, que muitas vezes tomaram juntos. E Elza sem saber o que fazer naquela situação. Até que um dia resolveu olhar de volta. “Percebi que era o mesmo homem que havia visto enfaixado na rua e na hora meu coração disparou.”

O silêncio entre os dois, contudo, seguia. Passaram anos nesse flerte sem palavras, ações ou reações. Moravam em casas próximas e podiam, assim, acompanhar a vida um do outro. Ambos eram casados. Durante esse período, Elza se separou pela primeira vez, depois de descobrir que o marido havia tentado seduzir sua irmã. Carlos permanecia casado. Ela freqüentava as aulas de ginástica que ele ministrava na escola do bairro. Morria de ciúmes das alunas mais saidinhas, com as quais ele se encontrava com certa freqüência.

Passaram-se 15 anos. Nesse meio tempo, Elza aceitou o pai de seus filhos de volta. Tinha quase certeza de que sua história com Carlos não sairia da fantasia. E foi, portanto, pega de surpresa com um convite dele para "um almoço hora dessas". Topou. Porque precisava saber o que aquele homem reservava de perto. "Nesse dia do nosso primeiro encontro, ele pediu: 'Me belisca para eu saber que isso é de verdade, Elza'. E eu com medo que alguém ouvisse aquela conversa no ônibus. Porque durante todos esses anos ele tentou se aproximar de mim várias vezes e eu ignorava o quanto podia. Tinha quatro filhos e um marido em casa, não tinha coragem de fazer nada de errado".

Quando começaram a conversar, ela viu que aquele flerte todo não tinha sido à toa. Engataram um namoro a partir dali. Elza se separou do marido pela segunda vez. Ele seguia casado, com a mesma mulher, com quem, segundo ele, mantinha um pacto de gratidão por ela ter sido tão boa com sua falecida mãe. Ficaram um ano inteiro juntos. Escondidos, para evitar falatórios na vizinhança. "Foi a fase mais feliz da minha vida. Nunca tinha me apaixonado por ninguém. Até tinha namorado outros homens enquanto estava separada. Mas nada que se comparasse ao que sinto pelo Carlos. Ele dizia que queria se separar da mulher para ficar comigo, mas que tinha muito medo. Ele nunca chegou a se declarar de verdade. Mas me tratava com carinho. Dizia que, se eu tivesse deixado ele se aproximar antes, estaríamos juntos há tempos."

Só que o surto de romantismo de Carlos durou pouco. Mais especificamente até um dia em que, mesmo sabendo dos sentimentos de Elza, disse que estava interessado numa amiga dela. E nunca mais se encontraram. Ela ficou arrasada com a rejeição. Ele no papel de Dom Juan do bairro. Elza diz que não entende como essa história pôde acabar, depois de tudo o que viveu com ele. Até hoje não sabe se ele gosta dela e não tem coragem de assumir. Ficou com a sensação desoladora de quem não ouviu um ponto final bem claro para poder mudar para a próxima etapa.

"Às vezes acho que nunca vou conseguir me livrar desse amor. O que sinto por ele é uma coisa muito forte, que nunca vai sair de dentro de mim. É muito triste gostar de uma pessoa e saber que ela está longe de você. Ele praticamente levou a minha vida. Continua me seguindo com os olhos pelo bairro. Acho que homem tem outro sentimento. Não é o mesmo sentimento que mulher tem. Ele me machucou muito. Mas nem isso muda o que sinto por ele. Enquanto estive ao seu lado, parecia que tinha nascido de novo. Fiz loucuras. Mas sempre soube colocar a cabeça no lugar. É uma situação muito complicada essa. Mas tem uma coisa que uma patroa me disse certa vez e que não me sai da cabeça. Ela disse que aqui neste mundo muitas pessoas nascem, vivem e não conhecem o amor. Sofro com isso, mas pelo menos sei o que é o amor."

FÁBIO e ALESSANDRA

*O advogado **Fábio Antônio Tavares dos Santos** e a arquiteta **Alessandra Delgado Tavares** se casaram em 1996, numa igreja de Poços de Caldas. Foi um fim-de-semana inteiro de festa, com amigos vindos de São Paulo e de Belo Horizonte. Em 2003, tiveram a primeira filha, Júlia, depois de pensar muito se estavam preparados para ser bons pais e também para manter a decisão de que, faça chuva ou faça sol, o Carnaval será sempre deles. As avós que cuidem das crianças nos dias de festa, porque ainda tem muito tempo de namoro pela frente.*

muitos carnavais

Fábio sonha com Alessandra, sem saber que esse era seu nome, desde os oito anos de idade. Por uma dessas coisas que ninguém explica, desde garoto achava que iria se apaixonar por uma loira de São Paulo. Loira ainda dá para entender. Sete entre dez homens gostam de loiras. O posicionamento geográfico é a questão. Ainda mais quando se mora em Belo Horizonte, situada a seiscentos e tantos quilômetros de São Paulo. Estatisticamente, mais fácil seria uma paulistana encontrar um cara de Minas em sua cidade. Mas o sujeito não nega as origens. E mineiro quando cisma com alguma coisa... O fato é que o ideal virou realidade no meio do Carnaval. Um dos muitos que ele viveu em Poços de Caldas, cidade mineira em que, aos 22 anos, Fábio conheceu Alessandra. Por coincidência, ou insistência, uma loirinha paulistana, estudante de arquitetura e que fez Fábio ter a certeza de que só podia ser ela a mulher que havia esperado encontrar por tanto tempo.

Diz Fábio: "Era uma sensação muito forte essa que eu tinha quando criança. Aí você vira adulto e acaba esquecendo um pouco. Ou pelo menos agindo mais conscientemente quando, de fato, a coisa acontece. Foi assim quando conheci a Alessandra. Fiquei fascinado. Passamos quatro noites juntos, feito namoradinhos. Conversando muito, um assunto que não acabava nunca. Mas não nutri nenhuma esperança. Ela morava em São Paulo, levava outro tipo de vida. Eu vivia em BH, já tinha namorado à distância e não tinha boas lembranças dessa fase. Sofri demais." Pensamento sábio. A não ser pelo detalhe de que Fábio não conseguia tirar da cabeça a menina loira de São Paulo. Mais uma vez a mineirice entrou em cena e Fábio juntou o estar apaixonado com o sentir-se um tanto ressabiado. Engataram então uma relação de amizade, suprida por cartas — recebidas justamente quando o outro mais precisava — e telefonemas feitos em dias muito especiais. “Era eu passar o dia pensando nela para receber uma carta ou um telefonema, e o inverso também acontecia. Levamos essa relação por um ano inteiro. Até eu me mudar para São Paulo por conta de um curso que meu pai queria que eu fizesse”.

Ao chegar em São Paulo, a primeira atitude, claro, foi ligar para a amiga, que não se abalou além da conta. Saíram uma vez, duas. Ele conheceu os pais dela. Viu que a menina era de classe média alta, estudava na USP. E, ele, um estudante mineiro que não tinha dinheiro para nada além de um chopinho no fim-de-semana. E que, se abusasse no sábado, na segunda ficaria sem almoçar. Mas não era esse o impedimento para a história deslanchar. Fábio desconfiou de que a questão amorosa era uma via de mão única. Ele queria que a amizade virasse o sonho de criança. Ela ainda não. Mas o segundo Carnaval estava perto e os dois se encontraram novamente no meio da folia em Poços de Caldas.

Como vale tudo nos quatro dias mais festejados do ano, ele insistiu só mais um pouquinho. Correu feito um maluco atrás dela, que seguia na estratégia que poucas moças conseguem manter: a de ignorar o ser amado até o limite do aceitável. Até cansar o pobre coitado. Até que ele realmente acredite que nunca mais pode gostar de outra mulher. Até conseguir o amor que insiste em conquistar. No terceiro dia de festa, Fábio desistiu. Viu que era melhor correr para os braços da primeira colombina que lhe apetecesse e dar um fim à saga do menino romântico. Beijou a primeira que passou pela frente. Alessandra viu e ficou mal. Fisicamente mal. Percebeu ali que tinha ido além no quesito "fazer-se de difícil". Na última noite, baixou a guarda. Ficaram juntos novamente, dessa vez para não se largar por todos os próximos carnavais.

Ele resolveu ficar de vez em São Paulo, para desgosto do pai, que demorou a entender que o motivo ia muito além das oportunidades de trabalho na capital. Ficou porque sabia que não podia perder Alessandra. Hoje, diz com orgulho quase adolescente que, desde então, são namorados. Dezesseis anos comemorados religiosamente no embalo de marchinhas e chuvas de confetes. "Sempre soube que se não conseguisse esse equilíbrio, do amor mesmo, nunca iria sossegar. A Alessandra é o meu equilíbrio. Eu não sentia calor quando encontrava com ela, aquela loucura de gente apaixonada. Pelo contrário. Pela primeira vez na vida senti uma paz tremenda ao lado de alguém. Ela me acalmava. Algo que nunca tinha sentido antes e que, de um hora para outra, não podia sonhar em abrir mão. Além das nossas afinidades, também amo as nossas diferenças. Eu tenho as minhas falhas, e ela as dela. Um aprende com o outro. Ela me faz muita falta quando não está por perto. Justamente por ser uma parte de mim que eu nunca encontraria sozinho."

Dois anos atrás, Fábio viajou com a Alessandra para Milão. Na área de desembarque, esperando a bagagem, viu de relance, com o canto dos olhos, passar uma mulher que, numa dessas coisas inexplicáveis da vida, deixou-o sobressaltado. Com frio na barriga, coração alterado, disfarçando para que Alessandra não notasse seu interesse por outra, ele se virou para olhar melhor a mulher que passara. Então, a poucos metros, viu-a caminhando em direção à esteira ao seu lado. Era Alessandra.

GLÓRIA e ORLANDO

O músico ***Orlando Morais*** *já fez muitas músicas que a atriz* ***Glória Pires*** *adora. Mas a favorita, a que a deixa sempre com os olhos cheios d'água, é a que considera a maior prova de amor já feita pelo marido: "A mim não importa ser a sombra quando você é a figura. Ser a situação quando você é o assunto. Eu nasci para estar ao seu lado mesmo se não estamos juntos. E é por isso que, quando gritas, permaneço calado. Como o sol determina. Retrato falado, meu pé de laranja-lima. Nós somos assim como um desenho. Talvez reflexo e refletor. Você, as imagens que tenho, as que quero, as que tenho amor".*

o que é para ser será

Amigos adoram arranjar pares para amigos solteiros. E Glória Pires, mesmo sendo Glória Pires, atriz global, reconhecida em qualquer esquina, aplaudida por multidões, não escapou dessa. Um dia estava numa viagem a trabalho, em Portugal, quando um amigo querido disse à queima-roupa: você precisa conhecer o Orlando. Mostrou fotos, provou por A mais B que os dois pensavam do mesmo jeito, que viam o mundo com os mesmos olhos, enfim, que haviam sido feitos um para outro. Glória não deu muita bola. Ia para Paris na seqüência, cidade em que Orlando vivia na época. Chegou a ligar para ele, na tentativa de marcar um café por lá, nada mais do que um gesto de atenção com o amigo. Mas acabou desistindo por conta do tempo ruim. Estava frio demais. Voltou para o Rio de Janeiro.

Mas... como dizem tias e avós: o que é para ser será. Uma semana depois, Glória voltava de uma consulta médica em Ipanema. Estava prestes a atravessar a rua quando avistou Orlando do outro lado da faixa de pedestres. Ela viu, achou que estava maluca, não podia ser ele, o mesmo Orlando. Olhou mais um pouco, reconheceu o homem que estava bem menos bronzeado e um pouco mais gordinho do que nas fotos que havia visto na casa do amigo. Ele também a reconheceu. Ele e todo mundo ao redor, muito provavelmente. Encontram-se no meio da rua já dando risada. Trocaram telefones, combinaram de se encontrar dali a alguns dias. Ele foi almoçar na casa dela. E só.

Voltaram a se encontrar um ano depois, mais uma vez acidentalmente. Estavam os dois num festival de cinema. Trocaram novamente telefones e dessa vez o convite partiu dele. Combinaram de se encontrar num show de Caetano Veloso, que Orlando jurava ser o último da turnê. Glória foi com a irmã e uns amigos. Viu o show (que não seria encerrado naquele dia) e nada de Orlando. Glória não se abalou, mas ficou intrigada. Ligou no dia seguinte para saber o que havia acontecido. Tomou conhecimento de que ele estava de cama, com dor de garganta, estado considerado quase terminal para alguns homens. Ele mais uma vez a surpreendeu. Dessa vez com um convite, digamos, um tanto incomum para uma pessoa com a qual havia trocado meia dúzia de idéias até então: "Vou para Goiânia depois de amanhã, visitar a família, quer vir junto?" Ela considerou possibilidades, viu que dava para conciliar uma viagem inesperada com o trabalho. E ainda poderia levar junto Cléo, sua primeira filha, fruto do casamento com Fábio Jr. As duas pegaram a malinha e foram. "Nessa época, não havia mais do que uma empatia mútua. Mas, de alguma maneira, sabia que podia confiar no Orlando desde o primeiro dia em que nos vimos", diz Glória.

No aeroporto, a família inteira de Orlando esperava para dar boas-vindas aos três. No final das contas, passaram quase um mês juntos, sob o mesmo teto, com tias, primas, avós, sobrinhos e tudo o que têm direito pessoas que vêm de grandes famílias. Conversavam muito, sobre tudo que podiam. Até rolar o primeiro beijo, às margens do Rio Araguaia, quatro dias depois da chegada. Num clima que Glória descreve como algo único. Uma ligação que ela nem desconfiava que pudesse existir entre duas pessoas. Era fim de ano. Passaram o Natal separados e, no Ano Novo, voltaram a se reencontrar. Casaram três meses depois. Com a certeza de se conhecerem profundamente. De terem, desde o primeiro olhar, sido eles mesmos. Sem charminhos desnecessários, sem querer impressionar um ao outro.

O que cada um viu, na hora em que quase sempre se vê apenas o que se quer ou o que se idealiza, foi transparência. É essa singeleza no tratar e ao despudor de colocar tudo às claras que Glória atribui o fato de estarem conectados um ao outro há quase 20 anos. Nesse tempo, tiveram três filhos. Passaram por cima de situações que nem todo mundo dá conta de resolver. A pior delas quando viraram tema de escândalo em revistas de fofoca. Passaram por essa e muitas outras provações. Todas devidamente resolvidas, porque sempre houve vontade de resolver. "Somos perseverantes. Tem uma coisa que já foi muito boa, então vamos tentar recuperar isso. Sempre agimos assim. Eu vejo até onde posso ir. Ele vê até onde pode ir. E vamos resolvendo. Tudo o que a gente tem na nossa relação eu só tive com o Orlando. Essa coisa de me sentir amada, respeitada, cuidada. Eu sinto que ele cuida de mim do mesmo jeito que cuido dele. A mulher meio que assume a maternidade do marido. E com a gente não teve isso. Temos uma troca. Ele cuida até da minha carreira. E sempre fez a parte dele. Acolhe as crianças quando não tenho como fazer isso. Orlando é um homem que sempre soube ser provedor. É alguém com quem posso contar sempre."

ISABELLA E MARCO

*A médica **Isabella Goujant** e o coronel do Exército **Marco Marun** foram namorados na adolescência que se reencontraram 50 anos depois do primeiro beijo. Apesar de Marcos ser casado com outra mulher – razão pela qual seus nomes e profissões foram trocados — estão juntos desde o final de 2006. Isabella garante que, dessa vez, não se separam mais.*

a segunda dança

Nos anos dourados, era sobretudo nos bailes que as mocinhas conheciam os moços com quem viriam a se casar. Isabella conheceu Marco num baile do Exército. Ela morava em Jundiaí, no interior de São de Paulo. Ele em Minas Gerais, onde ficava sua base militar. Ela tinha 14 anos, estava com seu melhor vestido. Ele, de farda, "lindo de morrer", tinha 19. Quando Marco decidiu tirá-la para dançar, um superior seu teve a mesma idéia. Ele foi obrigado a conceder a primeira dança a outro — numa espécie de metáfora do que viria a acontecer mais tarde.

Os dois não se beijaram no baile. Moças de família não beijavam no primeiro encontro. Primeiro flertaram um pouco, depois começaram a namorar e aí veio o beijo, o máximo de intimidade que tiveram durante o romance que durou 12 meses. O fato de morarem em cidades diferentes foi o que levou o namoro ao final, por iniciativa de Isabella, que achava muito chato andar de mãos dadas pela cidade apenas a cada 15 dias. Ela queria mais. Pouco tempo depois, conheceu Alfredo, com quem passou a namorar, em tempo integral. Mudaram para São Paulo e iniciaram um casamento que durou 40 anos e rendeu três filhas e muitas lembranças felizes. Em 2006, Alfredo teve um infarto fulminante. Viúva aos 60 anos, Isabella quase morreu de tristeza. Entrou em depressão. Três anos se passaram. Um dia, uma de suas filhas, Carla, resolveu então tomar uma atitude para alegrar a mãe e perguntou: "Mãe, e o Marco, aquele seu primeiro namorado?" Isabella riu. Disse para filha que nem sabia se ele ainda estava vivo. Os dois haviam perdido o contato na época em que Isabella estava grávida da primeira filha. Trinta e oito anos, portanto, sem um saber do outro.

Carla correu então para o Google. Pesquisou Marco Marun e bingo! Descobriu o paradeiro do primeiro namorado da mãe e, de brinde, o número de telefone. Sem nada a perder, Isabella ligou. Reconheceu na hora a voz dele na secretária eletrônica e deixou um recado: "Marco, não se assuste, mas é a Isabella, de Jundiaí, queria saber de você". Desligou. Passaram-se dois minutos e ele ligou de volta: "Isabella, eu esperei este telefonema por 38 anos. Pensei em você durante todos estes anos, mas não vou mentir: estou casado, tenho uma filha e acabei de ganhar um neto. Mesmo assim quero muito te ver".

A partir daí, iniciaram uma troca frenética de e-mails e de telefonemas para colocar tanto tempo a limpo, dizer o que um e outro sentiam, pensavam, achavam da vida. Dois meses depois, Isabella comprou uma passagem para Minas. Queria encontrar Marco de qualquer maneira, mas tinha lá seus medinhos. "E se ele me achar gorda? E se não me reconhecer? E se não gostar do que vir?" Trocaram informações básicas acerca do modelito que um e outro estariam trajando. No desembarque do aeroporto, Isabella não reconheceu Marco. Mas ele sim. Abraçou-a por trás, deu um beijo e se reapresentou: "Oi, Isabella, eu sou o Marco".

Do aeroporto seguiram direto para um apartamento emprestado por um amigo de Marco especialmente para o reencontro histórico. Ao entrar no carro, se beijaram como se nunca tivessem beijado outras pessoas na vida. No caminho, uma surpresa: Marco tinha preparado um

CD com as músicas que tocaram no baile e também outras que ele se lembrava que Isabella adorava ouvir. “Quando chegamos ao apartamento, não deu tempo nem de pensar. Quando vi, estava sem roupa, com o Marco me agarrando como se eu fosse a única mulher do mundo. Transamos umas cinco vezes, e de maneiras que eu nem sonhava que existiam. Foi uma intimidade louca, parecia que nunca havíamos nos separado, como se um conhecesse o corpo do outro de uma vida inteira juntos. Eu não queria sair daquele quarto nunca mais”, conta Isabella.

E, de fato, os dois ficaram trancados por lá durante dias inteiros. Marco voltava para dormir em casa e, às seis da manhã, já estava de volta para mais uma rodada de descobertas amorosas. Saldo da brincadeira: Isabella voltou para São Paulo num estado de felicidade que só vendo... e com duas costelas quebradas. Na chegada, uma das filhas já estava a sua espera no aeroporto, para saber tudo, nos mínimos detalhes. Carla, que mora em outra cidade, ligou para saber como tinha sido o reencontro. Todas enlouquecidas, como ficam mulheres ao tomar conhecimento de boas histórias de amor. Gostaram muito do que ouviram e, quando questionadas atualmente sobre o namoro da mãe, dizem em coro que nunca a viram tão feliz na vida.

Isabella e Marco vivem o romance (ainda num nível avassalador e ainda secreto) há um ano. Trocam telefonemas e e-mails diários, às vezes muitos no mesmo dia. Encontram-se uma vez por mês, em Minas ou em São Paulo. Ele conhece todos detalhes da vida da namorada. Faz o que pode para animar Isabella durante os períodos em que passam separados. Manda presentes, toma atitudes, às vezes, como se fosse pai de suas filhas. Preocupa-se com o bem-estar de Isabella genuinamente. Ela prefere não ouvir os pormenores da vida dele em Minas. Sabe que ele e a mulher mantêm relações apenas cordiais. E está segura o suficiente para dizer que ele ainda será seu, para iniciarem juntos a segunda dança — cinqüenta anos depois da primeira, no baile em que se apaixonaram.

JANE e HERONDY

Os músicos ***Jane Moraes*** *e* ***José Roberto Bueno de Lima*** *gravaram 17 discos como a dupla pop Jane e Herondy. Fizeram sucesso nas rádios e eram atrações freqüentes em programas de auditório como* Barros de Alencar, Chacrinha *e* Almoço com as Estrelas. *Numa época de queda nas vendas de seus LPs, a gravadora chegou a sugerir que eles espalhassem o boato de que estavam separados, numa tentativa de voltar a ser tema de revistas de fofoca e alavancar as vendas. Os dois se recusaram terminantemente, sob a justificativa de nem sonharem em se separar algum dia.*

não se vá

Algumas histórias de amor terminam exatamente do jeito que começaram. E amigos que se apaixonam podem virar amigos desapaixonados, mesmo que fique no ar um grande ponto de interrogação: se era bom, por que acabou? Jane e Herondy formaram, durante 33 anos, um casal que soube viver de maneira apaixonada. Desde antes de serem Jane e Herondy cantarolando hits como *Não se vá* olhando-se nos olhos, de verdade, e não só como jogo de cena em programas de tevê que eram sucesso entre os anos 70 e 80. Quando se viram pela primeira vez, Jane já era Jane. Mas Herondy era Fabinho, nome artístico usado no início da carreira. Os dois se conheceram no meio de uma escadaria, num hotel de Curitiba. Estavam trabalhando em seus respectivos grupos musicais. Foram apresentados pela empresária de Herondy. Jane simpatizou com ele na hora. Sentimento recíproco que virou coisa séria quando ela percebeu que, mesmo fora de sua lista de preferências amorosas na ocasião (ela buscava um homem mais velho que encarasse a missão de também criar sua primeira filha, Débora, fruto de um casamento anterior), Herondy tinha um atrativo poderoso: o bom-humor.

Jane, já encantada pelo rapaz, era moça disputada. Na tentativa de despistar um pretendente que não queria nem pintado de ouro, pediu para Herondy passar por seu namorado. Ele topou e a partir dali começou a rolar uma vontade de ficar com o outro o tempo inteiro. Da vontade, partiram logo para a ação, trocando beijos apaixonados e encarando as demais conseqüências típicas dos primeiros momentos de qualquer enredo amoroso.

Viveram 15 dias de lua-de-mel durante a turnê musical pelo sul do país. Voltaram para São Paulo e iniciaram, a partir de então, uma relação de mão única.

Herondy seguia apaixonado por Jane. Já ela, mesmo encantada por ele, deixou a razão falar mais alto que a emoção e voltou aos propósitos iniciais: arrumar um marido que desse o suporte necessário para que pudesse seguir adiante com sua própria história.

Apesar de não querer assumir o romance, a essa altura Jane já achava que Herondy era o cara com as mãos mais lindas que já tinha visto, o melhor beijo, o homem com o qual ela sempre estava bem e dava as melhores risadas. Mas ela, além de beijos e risadas, queria segurança. Herondy, por sua vez, não ia desistir assim facilmente. Ele foi o amigo sempre presente na vida de Jane durante dois longos anos. Tinham suas recaídas, é verdade. Mas ele suportou coisas quem nem todo homem agüentaria, por mais apaixonado que esteja. Jane, por exemplo, teve muitos namorados nesse período e apresentou cada um deles a Herondy.

Só que, mesmo empenhada, não conseguia se encantar de fato por alguém além dele, que participava de sua vida a ponto de sua filha e de sua mãe não entenderem como ela podia titubear tendo um homem tão dedicado ao seu lado. Um dia ela entrou em casa e topou com Herondy brincando com Débora. Um desses momentos em que mulheres se derretem ao notar uma conexão que vai muito além dos quesitos básicos pretendidos no sexo oposto. Naquela noite, Herondy dormiu na sua casa. No dia seguinte, enquanto Jane lavava louça e ele preparava o café, Débora perguntou, na ansiedade típica de criança que não quer perder a companhia favorita nas brincadeiras: "quando você vai embora?". Foi quando Herondy respondeu: "não vou mais embora". E ficou. Jane seguiu lavando louça e não teve como recusar o que, no fundo, já sabia que queria também.

Desse dia em diante, viraram uma dupla. Depois uma dupla pop, que ganhou um bom de dinheiro e fama em território nacional. Tiveram outra filha e levaram a vida com os altos e baixos de todo casal. Com a diferença de serem, aos olhos do público, um desses pares feitos um para o outro, indestrutíveis, firmes até o fim. Em 1985, os dois tiveram um acidente de carro horroroso. Quase morreram ali. A comoção dos fãs nesse período é lembrança que deixa Jane emocionada até hoje. "As pessoas realmente gostavam de nos ver juntos, cantando músicas de amor, era como se vissem algo que queriam para elas também".

Cantar juntos, aliás, sempre foi uma espécie de afrodisíaco para o casal. Eles se divertiam genuinamente. Aproveitavam as viagens entre um show e outro para namorar. E, quando estavam em casa, eram pai e mãe, simplesmente. Papéis que sempre gostaram de exercer e com entusiasmo equivalente. Tudo certo, vida perfeita. Um casamento que funcionou muito bem até perceberem que a vida dos dois começava a seguir em direções opostas. Ela queria sair. Ele queria ver tevê. Ela queria choppinho e bares. Ele, alugar mais um filme. Ela queria dançar. Ele queria dormir. E, sem perceber, foram se afastando também no que costuma ligar profundamente duas pessoas: a troca de idéias e de sonhos em comum.

A dupla dos palcos e dos programas de tevê encerrou as atividades no final dos anos 80, quando os sertanejos passaram a ser a bola da vez. Seguiram então com projetos paralelos na música. Numa noite de 2003, enquanto assistiam à tevê com seus respectivos cobertores, Jane decidiu que era hora de se separar. Poderia ter aceitado a acomodação natural de boa parte dos casamentos. Mas sabe que fez a coisa certa. Ela não podia, afinal de contas, viver apenas trivialmente com alguém com quem foi feliz por tanto tempo. Não achou justo, tampouco se conformava em transformar um amor tão importante numa relação sem vida. Herondy e ela decidiram então voltar ao começo de tudo. E, apesar de distantes fisicamente, continuam apostando que ninguém no mundo se entende melhor que eles dois. E que o fim do amor não significa necessariamente uma derrota.

JOÃO e CRISTINA

*O arquiteto **João Armentano** acha muito civilizado quando algum cliente, casado, encomenda projetos de quartos separados. A alegação é sempre a de preservar o espaço do outro, garantir maior conforto para ambas as partes e tudo mais. Mas confessa que ficaria revoltado se sua mulher, a empresária **Cristina Armentano,** pedisse o mesmo para a casa em que vivem com os três filhos e dois cachorros.*

a primeira namorada

"Cara, acabei de beijar uma princesa", pensou consigo mesmo o jovem João Armentano, comemorando uma conquista perseguida há semanas. João e Cris se apaixonaram quando ele tinha 15 e ela 14. Eram amigos do bairro. Se conheceram naquela época da vida em que você escolhe sem pensar. Quando o que sente é mais importante do que qualquer outra coisa. Amores que começam na adolescência têm a vantagem do ingrediente surpresa, algo que os mais crescidos costumam temer.

Aos 15 você não sabe direito nem quem você é, quando mais o que vai ser dali em diante. Você só quer amar e ponto final. Quer delícia melhor que essa?

Casaram-se cinco anos depois, quando João tinha "uma mão na frente, outra atrás". Bem antes de o arquiteto das celebridades, o cara que desenha a casa dos ricos e famosos, se firmar no mercado. Desde o início, Cris atuou como chefe de torcida. De tanto vibrar e estar ali para qualquer aventura que fosse, acordou um dia ao lado de alguém que vivia um cotidiano "mundo de Caras". E passou a ter outra missão: a de trazer João para a vida real sempre que necessário. E foram muitas as vezes. João agradece e sabe que, não fosse sua Cris, provavelmente seria um sujeito insuportável. Mimado que foi, filho que sempre teve tudo o que quis, confessa que precisava de alguém que o peitasse de alguma maneira.

Acha que Cris, "apesar de pequenininha, é a mulher mais forte" que conhece. É como João gostaria de ser: alguém menos desconfiado e mais tolerante com o universo em geral. Uma pessoa que sabe se comunicar com o mundo e que não tem medo de nada. Admira na mulher o que não enxerga no espelho. Mas que já enxergou no passado, como observador da história de amor dos próprios pais. "Acho que naturalmente a gente acaba se espelhando no pai e na mãe. Me lembro que os meus fizeram bodas de prata e, logo depois, meu pai morreu. Eles eram muito felizes juntos. Fiquei com essa imagem na cabeça."

Lembrança que resgatou quando ele e Cris completaram 25 anos de casados e se deram conta de serem o casal mais duradouro entre os amigos. Mais os cinco de namoro e lá se vão 30 anos de história em comum, que João nunca fez questão de contar, porque sempre acha que o tempo, no caso dos dois, passa rápido demais. Às vezes com alguns sustos. Já teve medo de perder Cris por duas vezes.

A primeira à beira do altar, quando um tio italiano da noiva chegou para ele e fez uma brincadeira de mau gosto na hora mais errada possível: "olha, a Cristina mandou avisar que não vem, pode esquecer." Ele acreditou. Ficou em pânico. E não leva em conta até hoje o que diz esse tio, que considera seu também. A segunda foi bem mais pra frente, num desses momentos da vida em que você acredita que se basta. Se preocupar com o outro pra quê? Os cinco minutos de fama gritam e você se joga na fogueira das vaidades mais próxima. Acontece. Ele não escapou.

Refeito do surto, resgatou o rapaz de 15 anos apaixonado que coleciona bilhetes de amor. João sempre escreveu sem esperar resposta. Como já teorizaram por aí ser a única moral possível nos relacionamentos: quando se dá sem esperar nada em troca. Mas ele sabe que Cris responde à sua maneira, com menos palavras e mais ações. E também que ela adora quando João apela para códigos que usavam quando eram os amigos que resolveram namorar. Outro dia, o tal tio que quase matou João de susto no dia do casamento, sabendo dos rompantes amorosos do "sobrinho", falou: "Escuta, com mulher você sempre precisa deixar uma dúvida no ar, não saia por dizendo 'eu te amo' a toda hora, deixe no ar um 'será que te amo mesmo?'." Talvez funcione em outra história. Na dele, amor precisa ser expressado de maneira clara, em palavras, silêncios, gestos e bom gosto.

JOEL e ANDRÉA

*O ortopedista **Joel Murachovsky** e a estilista **Andréa Haiat Murachovsky** namoraram, entre idas e vindas, treze anos. Estão casados há dez. Entre um afastamento e outro nunca namoraram outras pessoas por mais de seis meses. Bem antes, já estavam de volta para mais uma rodada de emoções e de descobertas. Reconhecem que aprenderam um com o outro o que é o amor e também a serem as pessoas que se tornaram. Hoje são pais de duas meninas e um menino. Acham que o casamento é um sucesso porque nunca esqueceram dos namorados que sempre foram.*

por mais ninguém

Destino é das palavras mais relacionadas ao amor. Está em romances épicos, em enredos hollywoodianos e na vida real. Aparece quando não se encontra termo mais adequado para justificar histórias como a de Joel e Andréa, que tiveram seu destino amoroso traçado no dia em que ela, com 12 anos, caiu, literalmente nos braços dele, então com 14. Os dois faziam parte de um grupo de jovens do Hebraica, clube freqüentado pela elite judaica paulistana. Era dia de jogo de futebol. Joel na platéia, de olho na partida. Ela brincando com sua turma, só na farra. De repente, foi empurrada por um amigo e caiu nos braços de Joel, que a levantou com cuidado. "Quando crescer, ela vai ser uma gatinha", pensou ele. Quatro meses mais tarde, depois de alguns bailinhos e eventuais ensaios da banda em que Joel tocava, estavam namorando. Foi o primeiro de uma série de começos e recomeços entre os dois.

Joel conta pelo menos uns seis desde que se conheceram. Mas foram mais. Andréa terminou o namoro com Joel sucessivas vezes. Como muitas adolescentes, ela queria ser "verdadeira". Em outras palavras, sempre que se interessava por outro mocinho, avisava Joel que ele tinha dançado e ia embora. Foram vezes suficientes para que ele desenvolvesse a capacidade de antever quando o fim estava próximo. Ele havia aprendido a ler os olhares de Andréa e a perceber, logo de cara, quando a coisa não ia bem. Ficava arrasado. Mas, depois da estréia trágica (que em certos casos poderia ser também traumatizante), sabia que ela sempre voltava, e usando os mesmos truques. Como o fato de Andréa sempre "esquecer" alguma coisa na casa de Joel, só para ter alguma desculpa para um reencontro.

Os dois passaram o início da história entre rompantes de passionalidade, quando voltavam, e de racionalidade, quando sabiam que o importante é manter a ética na relações a qualquer custo. Ao dar o espaço que Andréa necessitava, Joel acabou descobrindo que era ao seu lado que ela era mais feliz. Que era nele que via o que não encontrou em nenhum outro, por mais que buscasse. E por isso voltava.

Os dois tiveram idas e vindas aos 14, aos 16, aos 20, no começo e no final da faculdade. E foi dessa época, quando já estavam perto dos 25, a decisão mais sábia que tomaram. A que fez com que enxergassem, sem os vícios da relação vai-e-vem, o que sentiam um pelo outro. Joel estava às vésperas de fazer residência na faculdade de medicina. E Andréa mais uma vez disposta a recomeçar o caminho ao lado do homem pelo qual também havia se apaixonado precocemente. Ele fez então o inesperado: propôs uma separação temporária. O relacionamento ia muito bem nessa época, mas Joel achou que ambos precisavam de um tempo para arrumar as próprias vidas. Foi o que fizeram.

Ficaram separados por um ano. Ele dando expediente em plantões hospitalares, ela estudando em Paris. Período em que os dois, felizes com seus ideais, sentiram uma falta tremenda um do outro. Falavam-se toda semana, sofriam de saudades, trocavam cartas espetaculares. Até o reencontro, na Europa, dessa vez com Joel chegando ao lugar em que Andréa se encontrava. Então ele, que sempre soube o tamanho do amor que sentia por Andréa, teve certeza pela primeira vez da dimensão do amor dela. Soube disso assim que a avistou no aeroporto e ela desmaiou (mesmo) de emoção ao vê-lo.

Na volta, decidiram se casar. Mas sem pressa. Namorar, afinal, é sempre a melhor parte de qualquer história. Ficaram noivos, subiram ao altar um ano mais tarde e começaram a vida juntos como se ainda fossem adolescentes de férias no clube. Curiosos pelo que não conheciam. Andréa costuma esquecer datas e detalhes das cenas que viveram. Mas se lembra com clareza da que mais gosta, quando namoravam há apenas uma semana, na primeira das muitas tentativas. Ele escreveu um "eu te amo" escandaloso, em letras prateadas, no asfalto em frente à casa em que ela morava com os pais. Joel se lembra de todas as datas, de sensações gloriosas, das risadas compartilhadas e dos momentos felizes. Mas principalmente do fato de ter sido com ela a descoberta de um amor que não sentiu por mais ninguém. Por isso esteve sempre disposto a recebê-la nos braços, quantas vezes o destino a mandasse de volta.

LUCIANA e MASSIMILIANO

*A designer **Luciana de Faria** e o professor de italiano **Massimiliano Galise** se casaram em dezembro de 2006, num cartório em São Paulo. Ela vestida de branco, com tiara de noiva na cabeça. Foram morar num apartamento antigo, na Vila Mariana. Decidiram comprar o imóvel por causa do nome do edifício: Alba, nome da primeira cidade que visitaram juntos na Itália.*

o que nos conduz

No final de 2005, a paulistana Luciana estava disposta a se reencontrar. Recém-saída de uma fase conturbada, queria ares novos. Estava sozinha há um tempo e resolveu fazer uma viagem de sonho há muito adiada: três meses cruzando a América do Sul de ponta a ponta. Tirou férias, juntou folgas e saiu de mochila nas costas rumo ao Peru. Massimiliano, um italiano criado em uma cidadezinha próxima a Turim, teve uma idéia parecida. Também queria viver um ritual de passagem. Havia saído de um casamento de seis anos, seguido de um namoro um tanto estressante. Estava novamente sozinho, portanto. E com uma intuição: haveria uma grande mudança em sua vida depois dessa viagem.

Os dois se encontraram uma noite num hotel feito de sal, fincado a quase 4.000 metros de altitude em território boliviano. Luciana, num daqueles momentos gloriosos da existência, em que a própria companhia é mais do que suficiente para encarar qualquer programa. Massimiliano idem. Os dois cruzaram olhares. Luciana pensou: mais um italiano que se acha... Ele foi direto ao assunto. Interrompeu a conversa de Luciana com um grupo de franceses e se apresentou: "Muito prazer, Massimiliano Galise". Luciana achou graça na abordagem tão confiante. Jantaram, foram fumar um cigarro "lá fora", passaram a noite num papo que não acabava mais. A noite terminou entre beijos. No dia seguinte, cada um tomaria seu rumo — que, por uma dessas coincidências, descobriram ser o mesmo: São Pedro de Atacama.

Combinaram então outro encontro, dois dias depois, num boteco local do Atacama. "Um que tem uma bandeira de Cuba na porta", explicou Massimiliano. "Estarei às três horas esperando você por lá". Luciana seguiu viagem, sem a menor expectativa de que o tal encontro fosse de fato acontecer. No dia combinado, Luciana chegou atrasada. Problemas na alfândega, uma correria danada para trocar dinheiro antes do anoitecer. À caminho do banco, avistou uma bandeira de Cuba na porta de um bar. Coincidência suficiente para abalar até a mais "eu-me-basto" das mulheres. Entrou. Ele estava lá. Lindo, perfumado, vestido de branco da cabeça aos pés, "praticamente uma visão", mesmo que o relógio marcasse três horas depois do horário combinado. Passaram a noite juntos, aquela maravilha. No dia seguinte, Max, como ela passou a chamá-lo desde então, estaria num vôo de volta para a Itália. E Luciana em alguma outra rota alternativa em direção à ponta do continente — ela estava só na metade da viagem.

"A essa altura eu, que estava com a convicção de ter achado meu centro, perdi o rumo por completo. Não sabia mais nem para onde ir. Fiquei três dias vagando pela cidade. Teve uma ruptura ali. Começamos a trocar e-mails, a ligar um para o outro. Duas semanas depois ele avisa: vou para o Brasil em abril, já comprei a passagem. Isso era meio de novembro. Pensei: abril? Tá muito longe. Parei tudo e mudei de rota ali. Troquei todas as passagens que restavam por uma para a Itália. Morrendo de medo, mas fui", diz Luciana. Quem não teria medo?

Ao longo de quinze dias na Itália, Luciana conheceu os pais de Max, viveu uma lua-de-mel antecipada numa viagem de carro que incluía paradas em Roma, Florença, Bolonha e Pisa. Percebeu que tinha encontrado o homem com quem queria passar o resto de todos os dias que viessem pela frente. E teve a sensação muito nítida de que a recíproca era 100% verdadeira. Também experimentou uma intimidade que até então não tivera com ninguém em tão pouco tempo. "Na primeira semana já foi um casamento, parecia que nos conhecíamos há séculos". O que ela achou muito bom, para a surpresa dos que costumam associar a palavra casamento a situações pouco excitantes.

Depois disso, a história pode ser compactada no seguinte resumo: ela voltou para o Brasil, vôou para a Itália novamente no Carnaval, ele veio passar um fim-de-semana no Brasil em março e, em abril, estava de malinha pronta na porta da casa de Luciana. Enredo de filme, mas com pinceladas de vida real. "Estava certa de que era aquilo, não tinha dúvida no ar. Mas tinha medo de que ele se arrependesse da decisão. Max morava numa cidade que tinha muita coisa que ele gostava: uma montanha que ele escalava todo final de semana, o mesmo trabalho há 14 anos, a mãe e o pai, sendo que ele é filho único, os amigos... Era muita renúncia por mim, o que é lindo, mas também uma responsabilidade tremenda. E se não desse certo? Não queria destruir a vida dele, pelo contrário, torcia para que tudo fosse incrível para os dois.

Mas ele é sonhador e não queria saber de "detalhes" desse tipo. A partir dali deixei tudo correr por conta própria".

Os dois passaram da fase do deslumbramento do amor para a etapa de adequação com uma certa facilidade. Mas o dia do embate, como Luciana havia suspeitado em seus momentos de racionalidade, chegou. E foi no meio de uma discussão que ele jogou na cara de Luciana o quanto tinha feito em nome desse amor. Bem à moda italiana.

"Max é passional como o pai, que, quando soube da mudança para o Brasil, atirou um prato de tortellini na cara dele. Por amor. Isso foi difícil para eu entender. Ele queria jogar o tortellini na minha cara em qualquer desentendimento, e minha política sempre foi a da conversa. Só que no nosso caso, por conta da renúncia dele, sabia que tinha de ser eu a administrar a situação. E foi o que fiz. A minha viagem era para resgatar essa coisa de viver pelo coração e não ficar pensando tanto. Encontrar um homem como Max no meio do caminho, portanto, não foi por acaso. Várias coisas fizeram com que a nossa história desse certo depois de um estranhamento inicial. Mas o principal foi a consciência de termos nos encontrado em um momento especial das nossas vidas. Nós dois estávamos predispostos a acreditar que o próximo relacionamento iria ser legal. Decepções e ranços do passado todo mundo tem. Mas é preciso estar de peito aberto para entender o fluxo da vida. É isso o que nos conduz."

LUIZA e CAETANO

O industrial do ramo de calçados ***Caetano Luciano*** *e a dona-de-casa* ***Luiza Regina Bovo Luciano*** *são meus avós, da autora deste livro. A única foto do casamento deles é a primeira do meu álbum de fotos de família. A cara de felicidade da minha avó e a cara de piadista do meu avô em cima do altar me fazem rir até hoje. No dia em que se casaram de novo, quando completaram Bodas de Ouro, minha avó, de nervosa que estava, parecia noiva estreante.*

todos os dias, para sempre

Olhar para duas pessoas que passaram a vida inteira juntas e perceber que elas ainda estão apaixonadas desperta um pouco de inveja e também a certeza de que o amor pode sim durar para sempre. Mas quem confere a cena pode ver ali um objetivo impossível. Coisa que só acontece com poucos sortudos nesta vida. Luiza e Caetano formaram durante 60 anos um casal que despertou a inveja de uns e sentimentos otimistas em observadores mais românticos. Não foi por sorte que viveram uma história de amor tão feliz. Mas sim por saberem investir no enredo que escolheram viver.

Os dois se conheceram quando ele tinha 17 anos e ela 16. Freqüentaram a mesma igreja, antigamente um ponto de encontro mais eficaz do que muitas baladas atuais. Ela moça pobre, criada sem pai, que costurava para lojas finas para sustentar a casa com mais duas mulheres: a mãe e a irmã mais nova. Ele, um dos dez filhos de um imigrante italiano que começou sapateiro e terminou industrial do ramo de calçados. Trabalhava na fábrica do pai quando conheceu Luiza. Namoraram durante seis anos porque familiares, de um e de outro, achavam que os dois eram jovens demais para se casar na época.

Luiza se apaixonou primeiro pelo homem que a fez rir depois de uma vida de tristezas seqüenciais. Depois pela família italiana do pretendente, que logo a adotou como mais uma filha. Já era amiga das irmãs de Caetano muito antes de ele resolver "tirar uma linha" com ela na saída da missa. Ele, por sua vez, gostou primeiro do conjunto da obra. Luiza era praticamente uma Coco Chanel perdida no bairro paulistano da Moóca. Pela afinidade com tecidos e agulhas de costura e pela postura de lady. E, depois, porque sua família adorava Luiza.

Os ingredientes iniciais eram promissores. Sem dramas familiares que podem fazer minguar até a mais bem-intencionada das histórias de amor. E afinidades pessoais suficientes para render uma parceria para a vida inteira. Mas Luiza sempre foi muito ciumenta. Caetano, com sangue italiano correndo nas veias, dava motivos de sobra para cenas variadas. Não precisava de mais de dois minutos de conversa para seduzir a platéia feminina. Era um homem que conhecia as manhas para agradar uma mulher. Prestava atenção à conversa, reparava no cabelo das moças, na escolha dos sapatos (vício profissional que o acompanhou pela vida toda), no prato favorito de cada uma delas. Isso valia para passantes, funcionárias, amigas da casa, qualquer integrante do universo feminino que estivesse ao seu redor. Às moças da família, também não economizava mimos. Foi o pai e o avô favorito de todas elas. Mas disso Luiza gostava e tinha muito orgulho.

Foi por causa do ciúme de Luiza que estabeleceram regras muito claras de convívio pacífico. Com o tempo, Caetano passou a traduzir os olhares dela. E, de acordo com o tom, sabia que devia sumir de casa num dia em que muitas mulheres estivessem por lá — Luiza sempre teve amigas de sobra e uma casa festiva, aberta a quem quisesse aparecer para um café. Também sabia quando o olhar da mulher indicava sua completa falta de senso estético na hora de escolher as roupas. Até que, de tanto cansar de trocar o figurino, deixou para ela essa tarefa. A partir de então, todos os dias Luiza acordava e, antes de se enfeitar, escolhia a combinação de roupas que o marido vestiria naquele dia — ela tinha ciúme, mas nunca se privou do prazer de ver o marido lindo e bem aprumado.

Caetano, por sua vez, sempre soube dar provas de amor pela mesma mulher durante a vida inteira. Durante o namoro, presenteava Luiza com uma rosa a cada encontro. Depois de casado, comprava semanalmente ramalhetes de antúrios e rosas para rechear os vasos da casa com as flores que ela gostava. Também não esquecia datas. Com mais de setenta anos de idade ainda podia ser avistado pelas lojas do bairro atrás de ursinhos de pelúcia para Luiza no Dia dos Namorados. A coleção de mimos foi importante, a ponto de Luiza lembrar com detalhes de cada um dos muitos presentes que recebeu de Caetano ao longo da vida. O anel de rubi que ganhou de noivado é um dos presentes que mais gosta, usa todo dia, junto com a aliança de casamento. Ele impede que o anel escorregue de seus dedos magrinhos de hoje.

Caetano foi um homem que soube mimar a mulher, mas também tinha seus rompantes de passionalidade à moda italiana. Desde que se conheceram, Luiza era proibida de sair de casa com malhas de lã muito justas, que, segundo ele, deixavam evidentes demais os seios fartos da namorada, que só ele se achava no direito de admirar.

É da presença de Caetano que ela, há oito anos viúva, mais sente falta. Do homem que seguiu fazendo Luiza rir todos os dias. Que sabia de seu valor para a mulher e que fazia questão de valorizá-la em troca, com gestos que hoje muitos consideram bobos, sem perceber que não há amor que dure sem eles. Podia ser um elogio repetido pela centésima vez a respeito do nhoque com bracholas que Luiza preparava como ninguém ou a cara sempre boa em situações que deixariam até um monge de mau-humor — como ser enviado pela décima vez no mesmo dia ao mercado do bairro para comprar "só mais um coisinha" que ela havia esquecido de colocar na lista.

Amor, afinal de contas, também tem a ver com pequenos feitos do dia-a-dia. A rotina pode ser mortal. Mas, não fosse por ela, dias e momentos especiais seriam impossíveis. O que Caetano e Luiza fizeram foi levar a vida de todo dia com capricho — valorizando os dias comuns para ter muito o que festejar nos especiais. Simples assim. Na vida dos dois, o papel amoroso de cada um foi sempre bem claro: ela criava um mundo de prazeres para ele viver em casa. Ele trazia do mundo o prazer de viver que adorava repetir ao seu lado. Coisas que os menos otimistas nunca vão entender. Talvez por terem pressa demais em alcançar o resultado final. E paciência de menos para investir de verdade na própria história.

MARCIA e MAURIZIO

*A empresária e mestra de ioga **Marcia De Luca** levou quase seis meses pensando no pedido do empresário **Maurizio R**. Afinal disse sim. Em outubro de 2007 eles se casaram numa cerimônia cinematográfica na Itália — o pai do noivo fazia questão de festa lá. Em breve, os dois vão morar no mesmo prédio, mas em apartamentos diferentes.*

juntos por gosto

Há horas na vida em que o mais sensato seria não se apaixonar. Quando uma das partes não está em seu melhor momento, por exemplo. Bom seria ter paciência monástica para esperar a ocasião adequada. Mas todo mundo sabe que, na prática, não existe essa história de deixar pra depois. Se vale a pena, é preciso se jogar. Mesmo que você não saiba como lidar com a situação. Ou fique confusa e pense bobagens. Como aconteceu com Marcia.

Ela estava numa ótima fase quando se encantou pelo empresário italiano e cozinheiro de mão-cheia Maurizio.

Ela estava solteira há três anos e emocionalmente centrada. Ele nem tanto. Recém-separado, estava num momento de repensar a vida e precisava de espaço para isso. Marcia decidiu ficar por perto assim mesmo. Ou, para usar um dos preceitos mais básicos da ioga, prática na qual é mestra: viver o presente, sem esperar nada além do que pode acontecer hoje — mesmo que isso parecesse, à primeira vista, pouco animador para alguém que havia acabado de se descobrir apaixonada.

"Estávamos juntos há pouquíssimo tempo quando percebi que Maurizio estava numa fase de emoções conturbadas. Claro, cogitei a hipótese de ele não estar tão apaixonado por mim. Foi quando ele me disse o que hoje soa como a única resposta viável naquela hora: que eu ainda não o conhecia e que ele sabia que iria gostar de mim num crescendo, a cada dia um pouquinho mais. Era só eu saber esperar. Na hora, meu único pensamento foi: seja o que Deus quiser. Hoje sei que essa sinceridade fez com que a nossa história começasse boa. O Maurizio sempre falou a verdade, nunca foi de fazer gentilezas para agradar quem quer que seja. O nosso amor, como ele havia antecipado, virou uma relação que se solidifica a cada dia, em que um é complemento do outro."

Os dois estão juntos desde essa época. Namorados há 24 anos e que decidiram, de livre e espontânea vontade, ficar cada um na sua própria casa. Um ato de respeito à individualidade e privacidade de cada um. "Quando vou à casa dele, levo minha malinha. Nunca deixei um creme na gaveta do banheiro. Também não mudo um móvel de lugar. Chego sempre arrumada e, na hora de dormir, gosto de escolher uma camiseta dele para usar. Fico feliz por estar lá. Quando não vou, ele sente a minha falta. Esse respeito ao espaço do outro fez com que tivéssemos sempre a certeza de estarmos juntos por gosto, nunca por comodismo ou obrigação."

A maior prova do quanto Marcia nunca esperou nada além do viver um dia por vez veio no início de 2007, quando Maurizio resolveu falar a verdade nua e crua uma segunda vez. Era dia de festa. Aniversário de 60 anos dele, que havia bolado todo um plano romântico para a ocasião. Convidou Marcia para uma mesa afastada de todos, garrafa de champanhe em punho, e disse, com palavras até então inéditas, que ela era a mulher da sua vida. E que, por isso, queria se casar com ela. "Quer?", ele perguntou, simplesmemte.

Na verdade, Maurizio só tomou a iniciativa depois de levar uma dura de uma de suas filhas do casamento anterior: "Escuta aqui, pai, vocês estão juntos há uma eternidade. Quando finalmente vai casar com essa mulher?" Maurizio viu, assim, o que já deveria ter enxergado há muito tempo. Pediu então Marcia em casamento. E ouviu a seguinte resposta: "Muito bonito isso tudo, Maurizio, mas eu preciso pensar." Não havia nenhum traço de agressividade na resposta. Ela estava com medo. Medo de mexer em time que está ganhando. Medo de estragar o que havia sido bom por tanto tempo. Durante 25 anos, eles viveram uma relação maravilhosa em casas separadas. E se juntasse e desse tudo errado?

Marcia foi então para a Índia, em uma de suas freqüentes viagens a trabalho. E só foi dar a resposta — "sim, eu também quero me casar com você" — meses depois. O que deixou Maurizio muito feliz, apesar do tempo que passou sem entender direito o porquê de tamanha demora. "Ele achou que devia isso a mim, essa coisa de que o casamento dá segurança para uma mulher. O que ele ainda não sabia é que sempre estive segura ao lado dele".

MARIJÔ E ANTÔNIA

*A jornalista e DJ **Marijô Moura** trocou o Brasil por Berlim há 13 anos. **Antônia Prado**, também jornalista, mora no Rio de Janeiro e é o amor que Marijô quis viver desde quando eram amigas de faculdade, mas precisou esperar porque Antônia ainda não estava preparada. As duas se reencontraram de maneira inesperada dez anos depois do último encontro. Estão juntas há cinco. Passam o verão europeu e o brasileiro juntas com a certeza de que, no amor, a pressa e a ansiedade podem colocar tudo a perder. A família de Antônia desconhece essa história. Por isso, ela e Marijô pedem para preservar suas identidades.*

no tempo do amor

No amor, como na vida, tudo é uma questão de tempo. Nem sempre as coisas acontecem quando queremos, mas sim quando devem acontecer. É o que amigas costumam dizer para outras que se apaixonam pelo cara certo na hora errada. Alento clássico, substituto polido para frases que soariam mais verdadeiras como: “olha, então parte para outra porque não vai rolar. Simplesmente não vai. Esqueça." Mas amigas não dizem isso. E insistem no termo "hora errada" como paliativo. Como se isso ajudasse muito. E existe lá tempo certo para se apaixonar? Não existe. E Marijô, como muitas de nós, enxergou a possibilidade de um amor quando Antônia, amiga de faculdade, nem sabia se era, ou não, gay. O vento não era favorável. Pelo menos naquela hora.

As duas se conheceram no final dos anos 80. Cursavam jornalismo na mesma universidade do Rio de Janeiro. Quando viu Antônia pela primeira vez, ao lado de um amigo comum, o José, Marijô ficou interessada de saída. Antônia tinha aquele jeitinho enigmático que costuma intrigar homens e mulheres.

Foi um interesse movido também pelo desafio, pelo difícil — algo que sempre serve como atrativo extra. Os pares se reconhecem. Marijô tinha uma suspeita de que Antônia também tinha um lado gay, apesar da insistência dela em negar. Resultado: Marijô ficou com a sensação de estar sendo desafiada, curiosa e apaixonada ao mesmo tempo.

Marijô insistiu em Antônia durante todo o curso, às vezes com abordagens nada sutis. Antônia resistiu até o final. Não trocaram beijos, abraços, nada. Marijô, que estava um ano à frente de Antônia, se formou. Saiu da faculdade desiludida com o jornalismo e achando que o interesse por Antônia não passava de um atração fadada a morrer com o fim do convívio na faculdade. Decidiu então tirar o time de campo e se jogar no mundo. Foi para a Itália fazer um curso de artes. Depois viveu um tempo em São Paulo e, numa viagem de férias, se encantou por Berlim. Voltou para o Brasil, fez as malas de vez e adotou a cidade a partir de 1995.

Numa das voltas de Marijô ao Brasil, em 2001, ela reencontrou José por acaso, num clube do Rio. Conversaram e o nome de Antônia não foi mencionado. Só no ano seguinte José lhe mandou um e-mail perguntando se ela se lembrava de Antônia (lembrava, claro...) No mesmo e-mail, ele disse, inclusive, que desconfiava que ela não era mesmo gay. José e Antônia estavam planejando um tour pelo Leste Europeu e queriam passar por Berlim. Marijô disse na hora que eles iriam ficar em sua casa e não tinha conversa. José topou, mas Antônia ficou ressabiada. No final das contas, concordou.

"Quando a vi saindo do trem, mais de dez anos depois do nosso último encontro, quase tive um troço. Era um mulherão, tinha ganhado corpo, estava linda, com cabelo curtinho, uns óculos que a deixavam com carinha de intelectual, tudo que eu gosto. Foi uma paixão à segunda vista", diz Marijô.

Conforme os dias iam passando, porém, a história só complicava para o lado de Marijô, que se viu mais apaixonada do que da primeira vez. Percebeu que, além dos atributos físicos, Antônia tinha realmente virado uma mulher muito interessante. Mas ela estava no papel de anfitriã e não podia ser indelicada, forçar uma situação que, até então, para todos os efeitos, só existia na sua cabeça. Então, depois de uma semana de passeios e programas ótimos, Marijô resolveu dar o golpe de misericórdia. Sabia que Antônia era pé-de-valsa, tinha feito dança de salão e tudo mais. Convidou-a para um domingo festivo numa espécie de baile da saudade gay, programa em alta na época entre os berlinenses mais antenados. "Estava louca para dançar com ela, ficar perto, abraçar e o baile seria a ocasião perfeita. Chegando lá, Antônia parou de resistir. Me tirou para dançar: eu como a dama, ela o cavalheiro. Quase morri de felicidade".

Naquela noite, a última de Antônia na cidade, esticaram o programa num bar e foram para casa sozinhas, a pé. Na escada do edifício em que Marijô morava, rolou um desses climas inacreditáveis, quando o tempo parece suspenso. O beijo quase aconteceu. Mas, dessa vez foi Marijô quem teve medo de ousar, de estragar o que já estava bom demais. Ficou um suspense no ar. Com a volta de Antônia ao Brasil, as duas passaram a se escrever diariamente. E-mails homéricos, em que travavam diálogos sobre tudo: vida, filosofia, literatura... Um assunto que não acabava nunca. Isso durou meses. "Um dia não me agüentava mais de amor, estava realmente apaixonada, louca por ela, e precisava falar. Junto com o e-mail de todo dia, mandei um arquivo de MP3 com a gravação de uma música folclórica do Maranhão, que dizia, na letra, entre outras coisas, que era hora de ela tomar uma atitude, caso contrário me perderia para sempre. Praticamente uma chantagem emocional".

Antônia respondeu dizendo que, de fato, não estava mais imune ao charme da amiga, mas que seguia "perturbada, nervosíssima" com essa história. Os e-mails mudaram de tom. Aos poucos, Antônia foi assumindo seus sentimentos ao mesmo tempo em que tinha dúvidas acerca de sua própria sexualidade. A essa altura, Marijô estava prestes a ser a primeira mulher da vida de Antônia.

Elas mantiveram a correspondência de maio a janeiro do ano seguinte, todo santo dia. Quando Marijô voltou ao Brasil, as duas se reencontraram. Beijaram-se pela primeira vez na festa de aniversário de Marijô. Três dias depois, combinaram um jantarzinho na casa de Antônia. "Não queria que nada soasse forçado, tinha de ser no tempo da Antônia e por isso, a primeira coisa que perguntei, antes que algo a mais acontecesse, foi: quer namorar comigo? A resposta, que trazia outra pergunta: 'Já não estamos namorando?'" Nessa noite dormiram juntas pela primeira vez e, desde então, não se largaram mais.

Como uma pitada de dificuldade nunca foi problema na vida das duas, agora elas convivem com a distância forçada pelo fato de morarem em continentes distintos. Passam juntas os verões europeu e brasileiro. Antônia fica três meses por ano em Berlim. Marijô passa outros três no Rio de Janeiro. Lidam com os seis meses que sobram no ano da melhor maneira que conhecem: escrevendo uma para a outra, todos os dias, várias vezes por dia. "Morremos de saudade, é uma tristeza a cada despedida. Mas a nossa ligação é muito forte. É quase uma sensação de estar com o corpo fechado para outras pessoas. Sei de quem eu gosto e pronto. E, enquanto não for possível estarmos juntas o tempo todo, seguimos nos sentindo juntas, sem grandes ansiedades, no tempo que tiver de ser."

MARCOS e GEORGINA

A assistente social ***Georgina de Queiroz dos Santos*** *e o ex-frei da ordem religiosa Companhia de Jesus* ***Marcos Carvalho dos Santos*** *estão juntos há 30 anos. Os dois souberam se reinventar ao longo da jornada que escolheram viver juntos. Criaram as duas filhas junto à comunidade que auxiliaram por anos. Hoje, com a sensação de missão cumprida, Marcos trabalha na área de informática de uma corporação e Georgina segue com suas atividades na área social. O endereço atual do casal é uma casa em Vila Isabel, na zona norte carioca — para não perderem as referências do ideal que os uniu.*

santo encontro

Aos 17 anos, Marcos iniciava um curso de engenharia e passava tardes tocando violão com os amigos, de chinelo de dedo e cabelão escorrendo pelos ombros. Um garoto como outro qualquer que circulava pelo subúrbio carioca no início dos anos 70. Com uma diferença: decidiu ser frei. Uma "revelação" que teve certa manhã ao ser incumbido pela mãe de levar umas roupas à paróquia do bairro. Acabou passando o dia inteiro com o padre, subiu o morro pela primeira vez. Viu a miséria de perto. E decidiu que, a partir dali, iria ajudar aos pobres e, com sorte, salvar o mundo. O pai e a mãe aceitaram a idéia com razoável tranqüilidade. Já Georgina, amiga de seu irmão mais velho, comentou com certo desdém, ao ser apresentada ao rapaz: "Então é você o santo da família?" Marcos nunca esqueceu o comentário. E seguiu com o ideal, o primeiro de uma série.

Desde esse dia, Marcos soube que abraçar causas seria uma missão sem volta. Só não desconfiava que uma causa amorosa apareceria em sua jornada. Isso aconteceu na época em que já vivia numa ordem religiosa, havia feito os votos de obediência, pobreza e castidade. Estava tranqüilo com sua decisão quando mais uma vez Georgina apareceu em cena. E aqui, antes de dar continuidade a esta história, um comentário singelo sobre o amor. Existem histórias fáceis, daquelas que fluem no tempo certo e não pedem grandes esforços. Felicidade instantânea. As favoritas do mercado, as que todo mundo quer. Acontece, porém, de situações mais difíceis surgirem. Vai do seu esforço seguir adiante ou desistir, por medo de mudar o preestabelecido.

Marcos encontrou Georgina três anos após o comentário marcante da adolescência. Estava prestes a assumir um trabalho voluntário em uma comunidade de Senador Câmara, no estado do Rio de Janeiro. Ficou surpreso ao descobrir que ela seria sua companheira na tarefa. Logo encontraram mais afinidades. Não precisaram de muito tempo para notar que uma causa com uma pitada romântica extra era evidente entre os dois. Primeiro Marcos declarou seu amor com um coração desenhado na areia durante uma viagem que fizeram com os garotos da comunidade. Depois, deram o primeiro beijo. E resolveram parar por aí. A situação não era mesmo fácil. Mas do que uma amizade ou uma atração, o que estava em jogo, talvez em xeque, era a convicção religiosa de Marcos.

Georgina, para facilitar as coisas, decidiu passar três meses numa comunidade no Nordeste. Tempo para um e outro enxergarem se queriam dar o próximo passo. Trocaram muitas cartas nesse período, de conteúdo mais social do que emocional. Essa troca de experiências só fez estreitar os laços entre os dois. Na volta, ela se mudou da casa dos pais para um domicílio próprio nas cercanias da comunidade que auxiliava. Ela mal havia se instalado quando Marcos partiu em viagem pelo Brasil. Precisava de mais tempo para refletir sobre qual seria o melhor caminho para a sua vida. Como ficariam outros meses separados, Georgina decidiu se despedir de Marcos na rodoviária. Fazer a cena da mocinha apaixonada que promete esperar o amado na volta. E num dia que deveria ser feito apenas para sentimentalidades, ouviu do pai dele a seguinte frase: "Você é como o lobo em pele de cordeiro, Georgina, sei que você quer desviar meu filho do seu caminho". Engoliu a seco. E, assim que Marcos voltou, foi o mais clara que pôde: "Vou fazer a minha vida, você faça a sua, porque o que eu quero pode não ser o mesmo que você quer". Foi o suficiente para fazer Marcos, antes tarde do que nunca, perceber que não podia perder aquela mulher. Foi aí que fez sua escolha.

Pediu licença da ordem religiosa. Em situações como essa, quando um frei já fez os votos e decide voltar atrás, é necessário solicitar uma permissão para o Papa, que, no caso, levou seis meses para sair. Só então ele trocou o casarão luxuoso em que vivia com os outros freis pela casa de Georgina, ao pé do morro. Arrumou um emprego numa fábrica e ambos passaram do estágio de orgulho da família para o de insanos do pedaço. Pais de um e de outro desaprovaram a escolha. No casamento, realizado numa escolinha municipal da comunidade em que atuavam, agora mais juntos do que nunca, compareceram apenas um irmão de Marcos e o pai de Georgina. Em compensação, estavam lá praticamente a comunidade inteira do morro e sete padres amigos de Marcos — que disputaram ("quase à tapa") a honra de celebrar o enlace, realizado numa véspera de Natal e com um refrão clássico da época como trilha sonora: "quem sabe faz a hora, não espera acontecer..."

A partir desse momento abraçaram juntos outro ideal. Passaram a lutar pela causa da habitação. Moraram em apartamentos invadidos. Enfrentaram a polícia algumas vezes. Num desses episódios, Marcos teve certeza do orgulho e do amor que sentia pela mulher. A cena se deu no dia em que ela, grávida da segunda filha, foi flagrada pela polícia em pleno discurso para a comunidade, em cima de um caixote de feira. Quando os homens quiseram levá-la para o camburão, a comunidade em peso reagiu. Foram todos a pé para a delegacia e de lá só saíram com Georgina novamente livre.

Viveram nessa época tempos de falta absoluta de dinheiro, insegurança e medo. Mas com a certeza de estarem juntos para o que viesse pela frente. Se nos períodos difíceis nunca faltou amor entre os dois, quando a situação ficou mais calma, algo deu errado. Marcos, depois de 20 anos dedicado a causas sociais, sentiu que havia chegado ao limite. Queria fazer outra coisa da vida. Georgina, para quem o ideal humanitário continuava tão forte quanto antes, não compactuou com a vontade de mudar do marido. Ficaram separados durante um ano e meio. Por sorte, ou convicção, reataram, por perceberem que a causa dos dois ainda valia muito a pena. Estão juntos até hoje e não pretendem romper nunca mais com o ideal que os uniu. "As pessoas se encontram independentemente de suas vontades. Sei que somos diferentes em muitos pontos, que a trajetória natural seria nem termos ficado juntos. Georgina nunca foi uma ilusão na minha vida, nem meu sonho. Ela é, e sempre vai ser, o meu complemento."

MARINA e AMYR

*A empresária **Marina Bandeira** e o navegador **Amyr Klink** se casaram em 1995, num dia festivo em que conseguiram estar os dois em terra firme. Amyr também estava presente no nascimento das gêmeas, que, segundo Marina, ficaram esperando o papai chegar da Antártica para nascer. Quando a filha caçula dos dois nasceu, Amyr também estava ao lado da mulher, só que, no dia seguinte, já estava rumo ao rally Paris-Dakar-Cairo. Marina achou normal, porque o considera, mesmo a distância, um pai muito presente.*

o sopro do amor

"Você não quer conhecer o meu veleiro polar?" Marina foi provavelmente a única mulher do planeta a receber um convite como esse — a todas as outras, a proposta se resume a conhecer o apartamento, a coleção de filmes ou, no máximo, a casa da praia. Mas a questão é que só há um Amyr Klink, navegador, aventureiro, um homem que vive parte da sua existência sozinho, num barco, indo para os destinos mais inóspitos do planeta.

E assim, diante da proposta rara, Marina Bandeira disse simplesmente não. "Você acha que eu ia cair no truque do veleiro polar?" Sua justificativa é simples, cristalina e geralmente eficaz: um homem, ainda mais famoso, não pode receber um sim logo de cara. *All is fair in love and war*, na guerra e no amor vale tudo.

Mas a realidade é que ela já estava apaixonada por ele. Desde a primeira vez que o vira. Na ocasião, ele contava suas aventuras numa palestra organizada por ela para uma grande corporação. "Fiquei encantada com aquele homem (a quem as pessoas se referiam como "aquele navegador maluco") falando sobre um feito tão grande, sobre uma volta ao mundo num veleiro, com uma narrativa tão singela. Quando vi, estava chorando. Ao meu lado, os homens da platéia o aplaudiam de pé", diz Marina, que já completou treze anos de casamento com Amyr.

É uma mulher casada com um contador de histórias. Um homem sem rotina e descrito por Marina como uma surpresa ambulante. Que nunca apareceu em casa com um buquê de flores, mas já a presenteou com um galho inteiro de acácia. Que nunca escreveu um único bilhete amoroso. Mas que dedicou a ela um livro inteiro. Um cara que fica longe de casa meses. Mas que sempre encontra modos de se fazer presente. "O mar nunca nos separou, pelo contrário, sempre nos uniu. Quando o Amyr está no mar é o momento em que mais estamos juntos. É quando ele mais precisa de mim." Marina conta isso com a experiência de quem já acompanhou momentos gloriosos e outros um tanto apavorantes. Até mesmo para alguém que tem o marido rastreado por satélite durante 24 horas. E que, por isso, sabe exatamente onde ele está quando não está em casa. Se o lado bom é ouvir as histórias na volta, o durante pode ser um tormento. Como quando ele literalmente sumiu do mapa durante duas semanas numa de suas viagens.

"Isso foi em dezembro de 2004. Eu sabia que podia estar tudo errado, o barco afundado ou outra tragédia do gênero. Mas torcia para estar tudo certo. Era a única coisa que podia fazer. Não dormia, tinha pesadelos horríveis com ondas, tábuas à deriva, caixas boiando... Cuidava das crianças, olhava o computador e nada. Entrei em contato com departamentos de busca, com navios pesqueiros, com todos que pudessem ter visto o barco do Amyr pelo caminho. Não queria que ele ligasse para dar Feliz Natal, bastava saber que ele estava bem. Um dia o telefone tocou e ninguém respondeu. Eu sabia que era ele tentando se comunicar. Dois dias depois o sinal dele reapareceu no radar e tive certeza de que estava tudo bem. Foi a ocasião em que fiquei mais insegura, principalmente por causa das meninas." Ela e Amyr têm duas filhas gêmeas de nove anos e uma caçula de sete, que contam com a mãe a qualquer momento, mas têm o pai como inspiração permanente.

Não fosse a tecnologia, Marina poderia ser comparada às esposas de guerreiros do passado, aquelas que se despediam do marido sem saber se, quando e em que condições ele iria voltar para casa. Não é todo mundo que entende isso (aliás, a maioria das pessoas tem mesmo dificuldade de aceitar realidades fora dos padrões). Vira e mexe, Marina é obrigada a responder para amigas e curiosos, como um mantra, que não, ela não se incomoda com o fato de ter o marido distante boa parte do tempo. Sim, mesmo que seja em datas tidas como imperdoáveis, Natal, Ano Novo, aniversário das filhas... "Nosso relacionamento é muito maior do que uma data no calendário", diz ela.

Amor é uma fórmula complexa, que muda conforme a pessoa, exige ajustes a cada situação e o que funciona para um casal geralmente não funciona para outro. De qualquer maneira, não importa qual seja a composição, alguns ingredientes sempre estarão lá. É o caso do respeito à individualidade, do apoio aos sonhos da pessoa com quem casou, da aceitação das diferenças. Marina aceita — e se orgulha — que Amyr saia de casa para viver seu sonho e volte seis meses depois. Ele incentiva que ela atravesse noites em festas deslumbrantes, organizadas pela empresa que ela já capitaneava muito antes do primeiro beijo entre os dois.

"Nunca pretendi que ele deixasse de fazer o que quer que seja. O Amyr é uma pessoa que você tem que respeitar. Porque ele diz que vai fazer e faz. Isso é o que mais me atrai nele. Isso e a luz que ele tem. O conhecimento, a vontade de ver com os próprios olhos. Ele lê um livro, se interessa pelo lugar e dá um jeito de chegar lá. É um homem que gosta de viver e que sabe que o caminho se faz ao caminhar".

O amor tem muitos clichês. Um dos maiores é que por trás de grandes homens estão grandes mulheres. Que quer dizer isso na prática? "Sou o combustível do Amyr. Se ele decidir fazer uma viagem para o lugar que for eu vou apoiar, nem que a gente tenha que vender tudo o que tem. O que eu quero é estar com alguém feliz ao meu lado, mesmo que isso exija sacrifícios. Sei que, se ele estiver fazendo essa viagem, vai voltar mais feliz. Ele é feliz comigo, tão feliz que tem vontade de fazer coisas. Eu sopro a vela do barco para o Amyr viajar. Não quero que ele mude. Quero que seja o que ele é, daí para mais. Mesmo que decida fazer mais uma volta ao mundo. Ele sabe que pode contar comigo para o que der e vier."

NICETTE e PAULO

*Numa época em que pouca coisa é para sempre e num meio em que casamentos duram menos que a novela das oito, o casal de atores **Nicette Bruno** e **Paulo Goulart** trabalha, convive, namora e se deseja há mais de 20.000 dias. Durante esse tempo, nunca ficaram sem assunto e sem a vontade de se mostrar interessantes um para o outro. Para os dois, o amor duradouro é resultado de muito mimo e de pequenas atenções cotidianas.*

55 anos de namoro

Existem duplas que você, só de olhar, sabe que funcionam. Dá vontade de roubar a receita e repetir em casa. Como parece ser o caso de Nicette Bruno e de Paulo Goulart, casados há 53 anos, fora dois de namoro e noivado. Uma vida inteira juntos. Protagonizaram, como casal-modelo, novelas, peças de teatro, propagandas de tevê. Muita gente assistiu a tudo isso e se perguntou: será que isso funciona também fora da tevê ou dos palcos? Fórmulas certeiras, quando o assunto é amor, a gente sabe que não existem. Elas funcionam de maneira muito particular, só para aquelas duas pessoas. Mas há algumas lições muito básicas que, só de ouvir a história, rendem uns bons minutos de reflexão. É o que acontece quando você presta atenção em Nicette falando de sua vida ao lado de Paulo. Uma vida descrita como uma sucessão de parcerias, com altas doses de cumplicidade e de admiração mútua. Porque, afinal, não dá mesmo para amar alguém que você não admire. Adoração e amor andam juntos desde sempre. E, às vezes, tem-se a sorte de ver tudo acontecer de uma maneira, literalmente, espetacular.

Os dois se conheceram em um teste para a companhia de teatro que Nicette, empresária precoce e estrela em ascensão, já comandava aos 18 anos. Uma *workaholic* para os padrões da época, e para os de hoje também. Paulo era o ator em busca de uma vaga na companhia. Ganhou o papel de galã. Nicette viu que o candidato tinha talento. Escolha acertada, só que ela ainda não sabia que seria um acerto duplo. Um belo dia um colega lhe confidencia que Paulo estava apaixonado por ela. "Depois disso, durante uma viagem da companhia, fiquei namorando ele com os olhos por todo o percurso". E foi na primeira folga da temporada de estréia da dupla nos palcos que o namoro começou.

Conta Nicette: "No meio da festa, Paulo me pediu para declamar um poema que eu gostava, de Olegário Mariano. Isso se usava muito na época. E aceitei o convite. Enquanto declamava, procurei pelo Paulo. Olhei para um lado, olhei para o outro. Nada. Só fui encontrá-lo um tempo depois, numa salinha escura, todo amuado. Perguntei por que ele não estava lá para ouvir e veio a resposta que fez bater o sininho: "Pedi para você dizer o poema para mim e não para essa gente toda". Começou a tocar uma música, ele me tirou para dançar, pegamos na mão um do outro e começamos a namorar." Não pararam mais.

O próprio Paulo gosta de dizer que os dois são namorados há 55 anos. Nicette adora ouvir isso. E completa dizendo que só a partir dos 40 anos de casados é que se deram conta da passagem no tempo. "Até então não tínhamos notado, acho que porque estamos sempre em movimento, buscando algo novo para vivenciar. As pessoas se espantam quando nos vêm conversando em algum restaurante, e nós conversamos muito. Elas perguntam: mas vocês ainda tem assunto? Eu digo: meu Deus, muitos! Quantas coisas temos para compartilhar. E também para aprender com o outro. Temos a consciência de que ninguém é dono da verdade. E essa filosofia de vida ajuda muito."

Nicette ressalta ainda outras coisas fundamentais para uma relação funcionar. Gestos simples e importantes, como prestar atenção no outro. E que por descaso, pressa ou negligência não registramos, deixamos passar. Não é apenas Deus. O amor também está nos detalhes.

"Ainda existe uma certa cerimônia entre nós. Nossa relação tem um invólucro. Eu não apareço de qualquer maneira para ele. Ele não aparece de qualquer jeito pra mim. Claro que, às vezes, no camarim isso acontece. Ele me vê de bobes nos cabelos, por exemplo. Mas, em casa, até meu chinelo tem um saltinho. Se por acaso ele chega e eu não estou arrumada, ele diz logo: "Vai se preparar, filha". Ele gosta disso. Quando você está com o outro, precisa ser uma companhia agradável, sempre."

Sim, tem toda razão. Mas e quando momentos do tipo a "vida como ela é" acontecem? Qualquer dupla, por mais bem-sucedida que seja, tem seus cinco minutos de discussão de relacionamento. Coisa insuportável, mas quase sempre inevitável. "Paulo sempre foi muito ciumento, principalmente por conta da minha relação amigável com os colegas. De chamar de querido, dar beijo e tudo mais. Aí um dia chegamos à conclusão de que era preciso deixar tudo às claras. Combinamos que, se algum dia ele deixasse de gostar de mim, contaria pra mim. E eu faria o mesmo. Pacto de confiança mútua. E assim tocamos as nossas vidas, com esse sentido de respeito um pelo outro. Sabemos que somos pessoas diferentes, mas temos valores de vida em comum. Também nunca praguejamos nas dificuldades. E olha que tivemos muitas pelo caminho. Tempos de nenhuma facilidade de dinheiro. Nessas horas, éramos só os dois em cena. Pegávamos o bonde, sentávamos um do lado do outro, de mãos dadas, e fazíamos um monte de planos durante o percurso. Porque na vida e no amor a gente tem de encontrar soluções, sempre."

OTAVIANO e FLÁVIA

O apresentador e ator ***Otaviano Costa*** *faz a linha "homem para casar". Orgulha-se de dizer que em sua família as relações sempre foram para sempre, como, aliás, ele espera que seja a sua. A atriz* ***Flávia Alessandra*** *está no segundo casamento. O primeiro foi com o ator e diretor Marcos Paulo, pai de sua filha. No atual, fez questão de se vestir de noiva por estar muito apaixonada e querer mostrar para todo mundo o quanto Otaviano é importante na sua vida.*

aceite os sinais

Antes de embarcar no navio Costa Fortuna, Otaviano ouviu de sua mãe: "Meu filho, não leve ninguém com você nesta viagem, embarque sozinho, tranqüilo e sem preocupações desnecessárias". Ele ainda vivia a turbulência de uma separação recente, um noivado rompido em uma dessas fases da vida em que tudo parece dar errado. O que poderia ser apenas mais um conselho de mãe virou um dos muitos "sinais" que indicariam, a partir dali, um novo rumo para a sua vida.

Era uma viagem a trabalho. Otaviano foi convidado para ser o mestre de cerimônias de um evento a bordo do cruzeiro de luxo, com ponto de partida na Itália e paradas em diversas cidades européias. Sua companheira de viagem, escalada para que formassem uma parceria no tal evento, era Flávia, recém-saída de uma novela de boa audiência, no auge da popularidade. Otaviano ficou com o pé atrás, achando que ia "ser um inferno ficar com essa mulher o tempo inteiro do meu lado."

Otaviano fez de Flávia a imagem que parte do público tem de celebridades de modo geral. Ou que alguns homens têm com relação a mulheres inatingíveis à primeira vista. Imaginam-nas cheias de caprichos ou de estrelismo. Acham que usam o fato de ser uma atriz bonita e cobiçada (ou uma mulher muito interessante) para esnobar seja lá quem for. Otaviano verificou rapidamente que as coisas nem sempre são assim, e que preconceito, como a inveja, é atraso de vida.

Quem se sentou a seu lado no avião que o levaria ao porto onde estava o navio? Flávia. Como a proximidade era inevitável, ele foi educado, fez piada para quebrar o gelo da convivência forçada. Ela respondeu no mesmo tom de brincadeira, pediu desculpas pela invasão, sorriu. No ar, ficou uma simpatia mútua, dessas que não acontecem todo dia. Passaram boa parte da viagem conversando, já que tanto um quanto outro fala pelos cotovelos. Quando um resolvia dormir um pouquinho, o outro ficava observando, tentando descobrir de onde vinha aquela sintonia toda.

Oito horas depois estavam em Milão, cidade em que um segundo “sinal” se materializou na frente dos dois. Um sujeito com uma placa de identificação buscava um casal: “Mr. And Mrs. Costa”. Flávia começou a rir na hora. Otaviano não entendeu a piada, simplesmente porque desconhecia que a mulher com quem viria se casar já tinha o mesmo sobrenome que o seu — está lá em sua certidão de nascimento: “Flávia Alessandra Martins da Costa”. Ao embarcar no navio, terceiro sinal: cabines coladas. “É intenso o negócio”, pensou Otaviano, que, já no primeiro dia de trabalho ao lado de Flávia, estava achando a mulher o máximo.

Passaram todos os dias seguintes falando sobre suas vidas. Trocaram idéias, deixaram escapar um sonho aqui, outro ali. Cansaram de dar risada. Escancararam, enfim, o mundo de um para o outro. Nessa hora, Otaviano pensou: “O nome deste navio é fortuna, sorte em italiano, isso só pode ser um sinal.” Na parada seguinte, em Barcelona, alguns dias de viagem depois, um guia turístico recepcionou os dois e perguntou: “vocês são casados?” Perguntou isso na porta da uma igreja. Não de qualquer igreja, mas da majestosa Sagrada Família, uma das mais famosas do mundo. Outro "sinal". Otaviano jura que, a essa altura, ainda não estava apaixonado, ignorando o fato de que encontrar sinais em tudo é um maiores sintomas do começo do amor. Quando ele começava a se animar, recebeu um balde de água fria. Flávia contou que tinha um namorado há dois anos. Que é isso? Tantos sinais para dar em nada? Nem um beijo? Naquela ocasião, sim. Mas sinais às vezes são como as placas de estrada. Eles não querem dizer que você já chegou, mas que está no caminho certo.

Os dois se casaram seis meses depois da viagem. "Me dei conta de que era ela a mulher da minha vida depois de um mês de namoro. De repente, saiu um "eu te amo" muito fácil, quase brincando. As coisas são leves entre nós porque já descobrimos muitos dos nossos erros em relacionamento anteriores. Acredito que é possível fazer um Lego da vida amorosa e, a cada dia, colocar uma peça nova no relacionamento. Exercitar a atração, se cuidar para o outro. Levar um presentinho sem motivo. É uma construção. E a base que estamos construindo é muito sólida. Acredito que casamento é para a vida inteira. Eu e Flávia temos muita convicção disso. Disse uma vez pra ela: "Não vou casar porque estou gostando de você agora, mas porque me vejo amando você lá na frente".

PAULA E JOÃO PAULO

A psicóloga ***Paula Francisco Fioravanti*** *conheceu* ***João Paulo Farah Nassif Fioravanti*** *no consultório em que ela atendia. Ele, até então, era um paciente às voltas com a dor de uma separação. Mas os dois se apaixonaram. Deram início a um casamento com uma seqüência diária de provas de amor.*

O que a gente não faz por amor?

O paciente que se apaixona pela terapeuta é um clássico. Mais difícil é ocorrer o inverso. Mas acontece. Às vezes a terapeuta também se apaixona. E é esse enredo o ponto de partida desta história. Quando chegou ao consultório em que Paula atendia seus pacientes, João tinha um diagnóstico simples: dor-de-cotovelo. Tentava se recuperar do fora tomado de uma namorada. E era de Paula a tarefa de ajudá-lo a ficar pronto para outra. Um mês e meio depois, ela deu alta à João. Não porque ele já estivesse recuperado, mas porque ela tinha se apaixonado por ele — por razões éticas, foi obrigada a encaminhá-lo para outro profissional. Ele concordou com a troca de analista, mas com uma condição: Paula teria de sair para jantar com ele. Ela topou.

A partir dali iniciaram um romance que dura três anos. Na primeira noite ficaram juntos, em um mês João já estava morando na casa de Paula e, um ano depois, se casaram. "Com o João eu vivo um relacionamento diferente. Ele não faz nada para me agradar, e nem precisa. É como se o simples fato de ele existir já bastasse. Ele é a melhor pessoa que eu já conheci. É bom, generoso, não reclama de nada. Todo mundo adora ele. Tanto que é o favorito dos avós, dos meus pais, da tia, parece até que tem mel". A descrição de Paula é mais um clássico amoroso. Quando se ama, não importa o que o outro faça, basta que ele seja alguém. Alguém que você gosta muito e isso é mais do que suficiente.

Durante o tratamento, ela percebeu que o problema dele não era apenas de ordem sentimental. João sofre de uma manifestação grave de Transtorno Obsessivo Compulsivo, TOC, distúrbio que está associado tanto a certas manias desenvolvidas pela pessoa quanto a pensamentos obsessivos. Paula conhece muito bem o grau de dificuldade que implica o tratamento de uma pessoa com TOC. Mas, com a decisão de se casar com João, conheceu um outro lado do distúrbio: o do convívio diário, um exercício de paciência e renúncia. Logo de cara encarou o fato de João ser incapaz de ter um trabalho. O TOC o impede de levar uma vida comum, pelo menos no estágio atual. Mesmo assim, pouco tempo depois de oficializarem a união, Paula decidiu embarcar em um sonho do marido: morar nos Estados Unidos. Ele havia passado boa parte das férias da infância e da adolescência em Miami e Paula achou que isso seria um estímulo para ele. "Imaginei que só o fato de estar lá, presente, numa aventura que era importante para ele, bastaria para impulsionar algum tipo de mudança ou melhora na condição de João".

Os dois embarcaram em março de 2007. Antes disso, Paula deixou o consultório e reencaminhou seus pacientes. Fez isso num ponto crucial da sua carreira, quando ela estava começando a se firmar na profissão. Ficaram por lá durante seis meses, numa seqüência de infortúnios e decepções. Moraram em hotéis, não arrumaram emprego com a facilidade esperada, passaram fome — Paula teve de se desfazer de vestidos e jóias no meio do caminho para poder fazer supermercado. Essa situação serviu para mostrar que era melhor voltar, ficar perto da família e dos amigos, e, quem sabe, depois os dois se aventurassem novamente por lá. Aquele não era o momento, isso era um fato. Voltaram para o Brasil em agosto de 2007. Paula com a missão de começar do zero outra vez.

Ela considera essa viagem a maior prova de amor que já deu a João, mas protagoniza outras tão, ou mais significativas, no dia-a-dia. Por conta das dificuldades de João em lidar com situações variadas, os dois têm uma vida social restrita. Não vão ao cinema, ao teatro ou saem para comer uma pizza no sábado à noite como faz a maioria dos casais. A programação se resume a ficar na casa deles, na dos pais de ambos ou na da avó de João, que praticamente o criou.

João se sente particularmente bem quando está em contato com animais. Durante a vida inteira, o convívio com bichos foi uma espécie de terapia alternativa para ele, que criou um tigre e um jacaré no quintal da casa dos pais, cuidou pessoalmente de um viveiro de araras e tem particular apreço por cobras, escorpiões e aranhas. Atualmente, ele cria abelhas no quintal da casa da avó. "Para o João, o convívio com os bichos é uma maravilha. Os bichos não fazem julgamento. Ele se sente em pé de igualdade, sem ter de lidar com questionamentos ou estranhamento por parte de pessoas que não o entendem", diz Paula, que não só entende como participa desses momentos ao lado de João.

"Por amor a gente faz coisas que até Deus duvida. Desde que conheci o João fiz coisas que nunca imaginei que faria. Eu morro de medo de cachorro, mas já entrei com ele em jaula de onça[33] e já deixei ele colocar um escorpião nas minhas mãos. Faço tudo isso, mas não sou nenhuma Madre Tereza. Tem uma troca. O João é meu companheiro de todas as horas, sempre muito presente, em todos os minutos do dia e da noite. Tenho certeza de que um dia ele vai melhorar. Tenho essa esperança. Não me arrependo de nada. O João é a minha loucura, em todos os sentidos. Não consigo imaginar minha vida sem ele."

RICARDO e AMANDA

*O administrador de empresas **Ricardo Lehmme** e a filósofa **Amanda Liona** estão casados há oito anos. Pretendem, mas ainda não têm filhos. "Ainda precisamos namorar muito", explica ela. Aos 35 anos, Amanda teve quatro namorados e um casamento que durou cinco anos. Ricardo, com seus 43 anos, teve três namoradas sérias, "uns 70 casos" e um casamento de nove anos. Antes de se encontrarem, pensaram algumas vezes que sim, mas ainda não tinham achado o amor de suas vidas.*

feitos um para o outro

—Está cheio de homem por aí. Por que você não fica com ninguém? Faz meses que você está sozinha.

Amanda ouviu essa pergunta dúzias de vezes, das amigas, da mãe, da irmã. A todas, deu a mesma resposta:

— Não quero qualquer homem. Quero o homem certo. Sei exatamente como ele é. Só não achei ainda. É questão de tempo. Melhor esperar por ele do que bater cabeça por aí.

A três bairros de distância, o pai, os colegas do trabalho, os amigos de infância questionavam Ricardo com argumentos parecidos:

—Está sobrando mulher. Loucas para agarrar um homem. E você aí trancado em casa com dor-de-cotovelo. Cai na vida.

— Já perdi tempo demais com mulher errada. Cansei de acordar no dia seguinte com sensação de vazio. Cansei de papo furado. Cansei de investir em quem não vale a pena. Estou esperando a mulher certa.

Em tempos de festas, eventos e baladas inesgotáveis, ainda há, vejam só, quem só queira as coisas para valer. Menos disponibilidade, mais constância. Menos loucura, mais calma. Menos corpos, mais espírito. Dois românticos tentando sobreviver na época errada. As avós diziam que o que é de gosto regala a vida. Assim, esperar pela pessoa certa era o gosto de Ricardo e Amanda. Faltava, pois, o regalo. Quem viu o filme *A Era do Gelo 2*, como Ricardo e Amanda viram e adoraram, sabe que não é fácil. Numa época em que nada é como antes, como um mamute acha outro mamute? Como dois espécimes em extinção se localizam? Como um sonhador encontra uma sonhadora? A resposta é a mesma de sempre, da era glacial até hoje: com esperança, intuição e acaso, coincidência, sorte ou destino, como queira.

Amanda não tinha ânimo de ir à festa. "Esses reencontros de dez anos da formatura são o maior mico", justificou-se à Alessandra, sua melhor amiga. "Ainda mais em hotel. Quem teve uma inspiração desse naipe?". "Você prometeu ir comigo", protestou Alessandra. A três bairros de distância, Ricardo também estava contrariado. "Colocar fraque com esse calor vai ser dose. Por que fui aceitar essa roubada?", resmungava. O fato é que ele não tinha como escapar. Naquela noite, Ricardo era padrinho do casamento de Ivan, seu melhor amigo, gerente de um hotel na Vila Mariana cujas portas de seu maior salão, depois da cerimônia na igreja, se abririam para a festa de casamento do seu gerente.

Às dez horas, Ricardo atravessou a porta giratória do hotel e subiu a escadaria que levava à ala dos salões. Chegando ao topo, percebeu que, no mesmo andar, havia dois eventos simultâneos, um no salão da direita, outro no da esquerda. Sem saber onde era o casamento, escolheu o lado direito. Nesse momento, 32 degraus abaixo, Amanda começava a subir a escada. Ricardo chegou ao final do corredor e encontrou uma placa: "formatura de 10 anos". "Por que colocaram essa joça na porta, em vez de sinalizar perto da escada?", perguntou-se, amaldiçoando a eterna falibilidade humana. Deu meia-volta, rumou ao lado oposto. Ainda mal-humorado, deu de frente com Amanda, que, como ele segundos antes, decidia para qual lado ir.

Ricardo conta: "Quando a vi, deu um gelo no estômago. Os olhos castanhos, a altura perfeita, o corpo que eu gosto, a boca mais bonita do mundo, tudo o que eu sonhei parado ali na minha frente. Eu não podia deixar passar. Perguntei se ela precisava de ajuda. Ela disse que não, educada mas sem dar a menor bola, mulher difícil como eu gosto, o cara precisa provar que merece. Com o maior jeito, sem querer parecer abusado, falei que para lá tinha uma festa de 10 anos de formatura e, do outro lado, o casamento do Ivan. Ela sorriu, céus, que sorriso era aquele. Então fiz a única coisa que podia fazer. Falei: Estava te esperando. "Mas eu nem te conheço. Me dá licença", ela respondeu. E seguiu para a festa dela."

Sabe como são as mulheres, né? Não conseguem ouvir um elogio, uma frase enigmática sem ficar tocadas, intrigadas ou tentadas. Na metade do corredor, antes de chegar à porta, Amanda não resistiu e virou o pescoço. Ricardo estava parado no mesmo lugar, olhando vidrado para Amanda. Ela não sabe explicar por que só sentiu aquilo naquela hora, e não antes, quando estava frente à frente com Ricardo. Amanda conta como aconteceu: "O fato é que, quando vi aquele olhar na minha direção, deu um gelo no estômago. Perdi o rebolado, quase caí do salto. Virei o pescoço rapidamente, segui em frente, mas aí eu já não era mais a mesma. Fui para a festa, mas nem sei o que aconteceu por lá. Só pensava no cara de fraque, alto, magro, bonito, de cabelos pretos, com os olhos mais lindos e penetrantes que já tinha visto".

Durante as mais de cinco horas em que permaneceu na festa (teria ido embora muito antes, mas agora tinha motivos para ficar), Amanda usou subterfúgios para tentar rever Ricardo. No toalete, que ficava entre os dois salões, retocava a maquiagem toda hora. Sob a justificativa (a mentirola, para honrar a verdade) de que ia verificar se uma amiga já tinha chegado, foi umas quinze vezes até metade do corredor — numa delas, arriscou-se a avançar e a olhar furtivamente para o interior do salão em que ocorria a festa de casamento. Não localizou Ricardo em nenhuma de suas tentativas.

Às três e pouco da manhã, entregou os pontos. Despediu-se dos amigos e desceu a escadaria. "Dancei, ele estava na minha frente, eu o deixei ir embora", foi o que pensou ao descer os dois últimos degraus. Numa poltrona do saguão, porém, Ricardo a esperava. Assim que a viu, levantou-se num sobressalto e foi em sua direção. Ela o enxergou, mas não acreditou. Quando ele parou à sua frente, impedindo a passagem, ela gostaria de ter lhe dito um monte de coisas perspicazes, inesquecíveis e arrebatadoras, mas só conseguiu balbuciar com a incredulidade da mente, o suspiro da alma e a voz do coração:

— Você não foi embora?

— Eu disse que estava te esperando. Não posso perder você.

Num sofá da recepção, conversaram pelo restante da madrugada. Pouco antes de o sol nascer, beijaram-se. "Nunca senti nada, nada, nada igual", ela pensou. "Achei mesmo a mulher da minha vida", ele pensou. Faz nove anos que isso aconteceu. Um ano depois, estavam casados. Há esperança para os mamutes.

RONNIE e CRISTINA

Na volta de uma viagem a Buenos Aires, o músico, aviador, economista, dono-de-casa e apresentador de tevê Ronaldo Nogueira, o ***Ronnie Von****, e a arquiteta Maria Cristina Mestres Rangel, que adotou o nome de* ***Cristina Von****, foram recebidos com banda no aeroporto de São Paulo. Um "vexame" que comemorava um acontecimento há muito esperado. Mais tarde, seguiram para a casa de Ronnie, para deixar as malas. Na hora em que ele disse que iria levar Cristina para casa, seus dois filhos roubaram a chave da porta e decretaram: "daqui ela não sai nunca mais". Os dois vivem juntos desde então, num casamento que rendeu mais um sucesso: o filho que Cristina esperou a vida inteira para ter com seu príncipe de sempre.*

conto de fadas moderno

Ronnie Von sempre foi príncipe, apelido que ganhou nos tempos em que era um dos maiores ídolos da Jovem Guarda. Escandalosamente lindo, desejado (já teve as roupas arrancadas no meio da rua por fãs enlouquecidas), bom moço desde o berço, criado em família tradicionalíssima, dessas em que a louça da casa é tão valorizada quanto a coleção de princípios que orienta a vida familiar. Como todo príncipe, ele queria uma princesa: uma “moça honrada”, como gosta de se referir ao ideal feminino que buscou desde o primeiro casamento, aos 19 anos. E que foi encontrar em Cristina, amiga de toda vida. Ronnie a conheceu quando ela tinha 11 anos, e ele 21.

A descoberta já conta mais de 20 anos. Veio numa dessas fases da vida em que acreditar em histórias de amor não convém. Porque você tem certeza de já ter sofrido “desse mal” por umas três vidas inteiras, chegando ao limite do aceitável, do desejável, do humanamente possível. Quando já se deu conta de que o amor pode estraçalhar os corações mais bem-intencionados.

No caso de Ronnie Von, antes de conhecer Cristina, viveu algumas histórias desastrosas de amor. Uma delas fez com que ele desenvolvesse uma doença emocional que quase tirou sua vida na década de 80. Em outras vezes, sem chegar a tanto, apenas se deu mal e sofreu muito com isso. Homens românticos são assim. Então, aos 42 anos, uma idade em que a experiência costuma superar a esperança, achou que a única coisa sensata a se fazer era aceitar que o tempo de rompantes apaixonados já tinha passado.

Vale aqui um parênteses para explicar quem é Cristina, a mulher que mudou o destino do príncipe no meio da história. Filha de amigos dos pais de Ronnie, morava no mesmo bairro luxuoso, em São Paulo, em que ele vivia na juventude. Como metade da população feminina, também adorava Ronnie (o personagem criado pela mídia), com uma vantagem: depois de crescida, virou amiga e confidente do homem na vida real. E uma grande desvantagem: nessa condição, não tinha coragem de dizer com todas as letras que o amava. Perdeu oportunidades únicas de dizer a verdade. A primeira delas na mesma época em que Ronnie saía destroçado de um casamento que durou dez anos e com quem teve os dois primeiros filhos. Cristina estava de casamento marcado e subiu ao altar com o primeiro marido para viver uma relação, segundo suas próprias palavras, falida desde a lua-de-mel. Podia ter dito ali que era com Ronnie que queria se casar. Mas, como era boa moça, romântica e esperançosa, seguiu adiante com a decisão e esperou sete anos para pedir o divórcio. Período que coincidiu com o fim do segundo casamento de Ronnie, do qual saiu direto para a casa do pai, com dois filhos adolescentes a tiracolo e em frangalhos.

Nesse ponto, o pai de Ronnie, um *gentleman*, homem de gestos calmos, vasta cultura e elegância natural, foi obrigado a dar um "toque" no filho. Disse que, se depois de mais um relacionamento fracassado, insistisse em apostas que ele não aprovasse podia esquecer que tinha pai. Sua filosofia era a mais amorosa possível: se o filho não era capaz de conquistar a própria felicidade, o pai tinha obrigação moral de ajudá-lo. Aqui, outra consideração importante a respeito de Cristina: era ela a eleita do pai de Ronnie, seu confidente há anos e que, portanto, sempre soube o que Cristina sentia de fato por seu filho. Os dois precisavam apenas do momento certo para fazer com que uma coisa levasse a outra, e da maneira menos forçada e mais sutil possível. E o momento surgiu numa viagem a trabalho que Ronnie fez a Buenos Aires, em 1986.

Ele foi. Cristina ficou, cuidando de sua casa e de seus filhos, tarefas que exercia com prazer. A maneira que encontrou para demonstrar um amor que até então não tivera peito para escancarar. Melhor ser a amiga que tem carta branca para estar sempre por perto do que uma candidata a namorada que poderia ser rejeitada. Muitas mulheres fazem isso, consciente ou inconscientemente, seja antes de o amor acontecer, como no caso de Cristina, ou depois que o amor acaba. O pensamento é pragmático: melhor ter o homem por perto, mesmo sem o amor incluído no pacote, do que ficar sem ele.

O fato é que no meio da viagem, Ronnie sentiu saudades de Cristina. Mas de um jeito diferente. Primeiro sentiu falta da companhia, depois da conversa, depois do perfume que ela usava. Entrou na perfumaria mais próxima e comprou um frasco de Anaïs Anaïs — queria resgatar a sensação de aconchego que Cristina sempre lhe deu. Dias se passaram, Ronnie não tirava Cristina da cabeça. Falava sobre ela minuto sim, outro também. Até que seu empresário argentino falou: "Quem é, afinal de contas, essa mulher?". Ronnie respondeu: "Minha melhor amiga, oras!" O empresário ficou um tempo em silêncio, com aquela expressão que os amigos ficam quando perceberam o que o outro já devia ter percebido há muito tempo. Então falou: "Você está muito esquisito. Dá para mandar uma passagem para essa Cristina vir para cá também?"

Ronnie gostou da idéia. Enviou uma passagem de primeira classe. Cristina embarcou, a contragosto do pai de Ronnie, que achava que o filho não estava com saudades da mulher, mas apenas da amiga que sempre resolvia tudo para ele. Enganou-se dessa vez, a única. Ronnie lembra que, quando foi buscar Cristina no aeroporto de Ezeiza, viveu uma daquelas cenas magistrais de filmes de amor. De abraços e beijos rodopiantes em pleno aeroporto. Embarcaram numa limusine e foram direto para o Hotel Alvear, um dos mais sofisticados da capital portenha. Dormiram juntos pela primeira vez, numa noite que Ronnie descreve como uma das mais felizes da sua vida. No dia seguinte, no café-da-manhã, Cristina teve coragem de falar depois de uma vida de resguardo sentimental. Sem usar meias-palavras, disse que havia esperado por aquele momento durante vinte anos e que, se precisasse, esperaria outros vinte. Ele se tocou pela primeira vez de que era ela a mulher que sempre quis, par perfeito para o príncipe que sempre foi. Notou também que ela já era sua há muito tempo.

SÍLVIA e FRANCISCO

A publicitária ***Sílvia Camargo*** *conheceu o publicitário* ***José Francisco Abreu Júnior*** *em 1995. Ela estava em início de carreira, ele já era conhecido no mercado. Ela o considerava um mito, ele mal sabia que ela existia. Mas, quando se encontraram, "algo estranho aconteceu". Ela tentava se esconder atrás de uma planta. Ele a tirou dali como se a conhecesse há séculos. Beijaram-se pela primeira vez numa sala de reunião. Estão juntos há onze anos.*

nunca te vi, sempre te amei

Muito provavelmente Sílvia nunca teve noção do quanto era uma romântica incurável. Isso só ficou claro quando conheceu Francisco. Ou melhor, quando, como no filme *Nunca te vi, sempre te amei,* se apaixonou por ele sem conhecê-lo. Sílvia era analista-júnior da área de marketing de uma empresa. Francisco, dono da agência que tinha a conta dessa empresa. Para alguém em início de carreira, como Sílvia, o homem era um mito, uma lenda ou os dois juntos. "Ouvia muito sobre ele no escritório. Os homens querendo ser amigos. As mulheres suspirando e batendo os cílios a cada vez que o nome dele era mencionado. A princípio, fiquei curiosa. Depois, muito curiosa. Quando percebi, não tirava mais o cara da cabeça, passei a achar que ele era "o" cara. Ficava numa ansiedade, numa expectativa louca para conhecê-lo, embora, para falar a verdade, não tenha idéia até hoje do porquê dessa loucura".

Até que em um belo dia Francisco foi apresentado a ela. E Sílvia fez o que não devia: deu bandeira logo no primeiro encontro — nesse caso, nem encontro era, mas ela achava que sim. "Estava na minha salinha, olhando entre as divisórias, esperando a porta abrir. Ouvi as vozes se aproximando. O telefone do meu chefe tocando na sala ao lado e não conseguia puxar a ligação. Saí da minha sala, fui atender o telefone. As cabecinhas vindo. Eu desesperada. Tive um impulso de me esconder atrás de uma planta — acho que de pânico, por querer que ele me visse numa situação mais glamourosa do que no meio de um telefonema. Aí ficou aquele fio de telefone esticado, atravessando a sala inteira, eu agachada atrás de uma planta totalmente desfolhada e o cara entra na sala. Ele veio na minha direção, me tirou de trás da planta e me deu um abraço pela cintura que quase me levantou do chão. Com uma intimidade desconcertante, como se me conhecesse há séculos! Fiquei muda".

Dois anos se passaram. Sílvia foi promovida e passou a integrar a equipe que participava das reuniões com Francisco. A cada vez que ele aparecia no escritório, Sílvia sentia frio na barriga. Um frio que virou nevasca no dia em que ela soube que Francisco era casado. Casado há 14 anos, e com a sócia de sua agência de publicidade. "Meu mundo caiu, uma coisa estranha aconteceu comigo", diz ela, como se não fosse suficientemente estranho o fato de ter se escondido atrás de uma planta quando foram apresentados... "Eu era noiva de um homem conhecido na minha família como *Mr. Perfect.* Depois de ouvir que Francisco era casado, quase vomitei. Me deu um negócio físico muito forte e a única alternativa foi fazer o que algumas mulheres fazem de melhor: encenar".

Encenar, nesse caso, significava tentar ignorar o que ela sentia por ele. Claro que não ia dar. Ainda mais porque, num desses lances em que *timing* é questão de vida ou morte, Francisco começou a dar indícios de que "coisas estranhas" também aconteciam do seu lado. "Ele começou a dar atenção demais, até a me convidar para viagens de negócios. Um dia terminou uma reunião em que nós dois participamos. Eu era a última a sair da sala. Ele fechou a porta e me deu um puta beijo, que amei. E também o jeito que a coisa aconteceu. Mas fiquei chocada. Ele ia embarcar para a Índia com a mulher na mesma noite. E no meu universo não existia essa coisa de ficar com homem casado. Eu tinha 23 anos. Ele, 15 a mais. Ficou 45 dias na Índia. Voltou. Eu louca, esperando. Natal, Ano Novo e só pensava nele, no beijo, em como seria a nossa vida juntos".

Três meses depois a história começou de verdade. Outro beijo. "O beijo, o mais maravilhoso do mundo. Pensei: eu não quero beijar mais ninguém nesta vida". Ela terminou o noivado com o *Mr. Perfect*. Ele não terminaria ali o casamento, mas quatro meses depois, tempo até curto, levando-se em consideração os padrões masculinos de dúvida, tensão e medo de mudanças. E longuíssimo para Sílvia. "Durante os quatro meses em que ainda estava com ela, ficamos naquele esquema de encontros escondidos, de códigos. Tinha um que era assim: vou deixar o telefone tocar três vezes e desligar. Isso queria dizer "eu te amo". Mas o amor nunca se contenta com pouco. Quando ele era obrigado a viajar com a mulher, o sinal de tocar três vezes e desligar ganhava mais um significado. Nessas situações, queria dizer: "eu te amo e estou aqui, infeliz e miserável quando tudo o que eu queria era estar ao seu lado." Fiquei nesse inferno de março a julho. Porque é um inferno. Não desejo isso pra minha pior inimiga. Final de semana eu queria morrer. Ele dizia que não dormia mais com ela. Eu pensava: meu Deus, estou me entregando ao sacrifício! Ele está mentindo. O clichê dos clichês. Eu lá, apaixonada, quase morrendo sem ele. Dei uma estressada nesse período. Mas ele tinha tanta tranqüilidade. Falava de um jeito... Dizia: 'Você é meu amor derradeiro, não dá para entender?'"

Claro que ela não ia entender. Nenhuma mulher entende esse tipo de coisa, que sempre precisa estar o mais clara possível — de preferência com muitas repetições sobre o mesmo tema. "Três beijos e ele falava que eu era a mulher da vida dele. Ele pedia calma, e eu estressada. Uma vez quebrei o vidro do carro dele com um soco, estresse puro durante um desses momentos duvidosos. Dava para tirar a adrenalina com uma seringa. Era tudo muito dramático. Eu era dramática. Pensava que ele não ia ficar comigo, mesmo sabendo que ele queria. O Francisco nunca me deu motivo para duvidar. Eu é que vivia o drama, dizia que a gente não tinha foto em porta-retrato na mesa do trabalho. Ele era sensato, dizia que não era necessária tanta exposição, ainda mais depois que o romance dos dois se tornou público, em pleno escritório. Eu era passional."

Foi um período turbulento, mas com seu charme. "A gente mantinha uma correspondência absurda, de cartas e de e-mails. Tenho tudo guardado até hoje. É uma produção literária! Do tanto que a gente exercitou as dúvidas, os medos, o amor. Cada e-mail parecia o último. Tinha a impressão de que eu podia morrer depois de ler."

Depois de cinco anos de namoro, Sílvia e Francisco se casaram em 2000. Muito tempo se passou. Mas, num certo dia, ela acordou numa crise generalizada. O trabalho estava uma droga. Como o trabalho é uma parte muito importante da vida de qualquer pessoa, essa crise acabou gerando outras, inclusive pessoal, daquelas em que, numa piração existencial, você acaba duvidando de si mesma e de tudo ao redor. Quando você quer o que o outro nem imagina que você precisa. Quando parece que o romantismo acabou. Nessa situação, ela, num garimpo sentimental, resolveu buscar na estante de casa um dos presentes mais amorosos que havia dado para Francisco quando ainda eram namorados.

Era um livro chamado *Griffin e Sabine,* sobre um casal que troca juras de amor pelo correio. No meio do livro, estavam cartas que ela mesma havia escrito. "Encontrei ali tudo o que havia dito a Francisco no auge do amor, quando achava que podia morrer sem ele do meu lado. Quando tirei as cartas do meio do livro e as li, senti tudo de novo. Veio aquela emoção, a mesma intensidade. Estava lá toda a passionalidade, a profundidade do sentimento. Esse é o maior alicerce que existe. E é disso que a gente precisa para alimentar o amor, sempre."

YANN e ANA LUIZA

*O chef francês **Yann Corderon** e a chef **Ana Luiza Trajano** tiveram um menino que ganhou um nome meio francês, meio brasileiro: Pedro Bernard. Luiza, mãe de Ana, ficou um tanto chocada com o anúncio do casamento e da gravidez no mesmo dia. A reação do pai foi mais uma surpresa na relação dos dois. Ao ouvir a notícia, abriu na hora um champanhe para comemorar a dupla novidade.*

uma surpresa

Existem fases da vida em que o melhor a fazer é ficar sozinho. Fechar para balanço. Parar com tudo. Mesmo que isso represente dar um tempo até de conquistas amorosas certeiras, daquelas que você sabe, logo de cara, que valem a pena. Quando conheceu Ana Luiza, o chef de cozinha Yann Corderon estava num desses momentos, de querer pensar antes de dar o passo seguinte. Não fazia muito tempo, tinha saído de um casamento de dez anos com final civilizado, mas dolorido como todo final. Ao se separar, fez o que todo mundo faz. Caiu na noite, ficou com a primeira que apareceu. Investiu em namoros que deram em nada. Com o tempo, tirou o time de campo, até para não magoar mais mulheres e, sobretudo, para não se magoar.

"Sentia um vazio muito grande nessa época. Entrei num certo desespero. Sempre comparava as novas relações com o meu ex-relacionamento. Até que decidi deixar rolar. E acreditar que um dia ia encontrar essa pessoa que eu buscava, mas partindo de uma base diferente, que não fosse a da comparação. Por isso precisei desse tempo sozinho". O maior temor de Yann era ficar acorrentado ao passado. Ter o referencial do casamento anterior e da mulher com quem viveu tanto tempo como parâmetro para o que viesse pela frente. Acontece.

Esse padrão foi quebrado desde o primeiro minuto em que Yann viu Ana Luiza circulando pelos salões de um restaurante em festejos de inauguração. À primeira vista, achou a moça bonitinha. Conversaram um pouco e logo viu que era também muito interessante. Atrapalhado que é, pensou que ela fosse uma das garçonetes. Na verdade era a dona da festa, do restaurante e da situação. Na hora, ela não deu muita bola para o candidato a pretendente, que, a propósito, nem convidado havia sido.

Passaram-se trinta dias. Yann não tirava Ana da cabeça. Sabia onde ela trabalhava e começou a inventar pretextos para um drinque depois do trabalho, um café no meio da tarde. Isso foi em janeiro de 2006. Nesses momentos conversavam sobre tudo. Mas principalmente do trabalho em comum. Então Ana Luiza começou a inventar seus próprios pretextos para ficar mais tempo com ele. Quando se deram conta, estavam se encontrando com certa freqüência. Como eram apenas amigos, podiam desfrutar das delícias de ligar a hora que quisessem um para o outro, sem o pânico que geralmente antecede grandes encontros amorosos.

Seis meses depois ainda eram amigos, cada vez mais próximos. Uma noite, depois de encerrarem as atividades nas respectivas cozinhas, abriram um champanhe no restaurante em que Yann trabalhava. Ele percebeu um clima no ar, mas voltou sozinho para casa. E pela primeira vez sentiu falta de Ana e não só das conversas que mantinham. "Resolvi me manifestar porque naquela noite me senti pronto, percebi que estava gostando dela de verdade. Passei um tempão pensando se mandava, ou não, uma mensagem pelo celular, dizendo que a noite tinha sido ótima. Estava com os pés no chão, sabendo o que estava fazendo." Yann mandou a mensagem. Cinco minutos depois, ela, que já sonhava com esse momento há tempos, disse apenas: “por que você não vem pra cá agora?” Ele foi. Mesmo sem saber no que iria dar. Tiveram um namoro-relâmpago de três meses. Ana Luiza ficou grávida e casaram-se no fim do mesmo ano em que se conheceram.

O desfecho dessa história, eles, como todos os casais apaixonados, continuam sem saber. Preferem se ater às afinidades descobertas enquanto eram os amigos que talvez virassem namorados. A parte da história que Yann mais gosta: a de ter se apaixonado por uma mulher sem idealizações ou comparações. Para ele, Ana Luiza é sempre uma surpresa. Mas que só apareceu em seu caminho quando finalmente rompeu com seu passado. Com Ana Luiza, a história tem gosto de hoje e de amanhã.

16 frases de amor e um diálogo decisivo

"O amor é a coisa mais revolucionária que há. Independentemente de tudo o que existe, é o amor que transforma, irrita, movimenta, embeleza, enfeia, impulsiona, destrói, liberta e prende. Em sua órbita, apenas distrações"

"Quero um romance longo, quero intimidade. Fazer cena de ciúme, terminar, voltar, amar, brigar de novo, telefonar, pedir desculpas, retornar. Amantes bem-comportadas são um tédio"

"É pelo beijo que se conhece um homem. Nunca pude dizer essa frase para meus filhos porque, até onde sei, eles só beijaram mulheres, e mulher não se conhece nunca"

três frases de *Martha Medeiros*, em *Divã*

"Todo amor é eterno e, se acaba, não era amor"

Nelson Rodrigues

"E agora como posso te perder? Se o teu corpo ainda guarda o meu prazer. E o meu corpo foi marcado pelo seu?"

Nando Reis

"O amor é aquilo que acontece quando duas pessoas não se conhecem muito bem"

W. Somerset Maugham

"O amor é quando começamos por enganar a nós mesmos e terminamos por enganar a outra pessoa"

Oscar Wilde

"Ama o teu próximo. E, se ele for alto, moreno e bonitão, será muito mais fácil" *Mae West*

"Uma mulher que foge com o amante não "abandona" seu marido. Apenas o libera de uma infiel"

Sacha Guitry

"O amor é a história de vida de uma mulher, e um mero episódio na vida de um homem"

Madame de Staël

“Eu não trairia um marido porque, quando olhasse para ele, teria de dizer: “pô, mas esse cara é um corno”. E eu não quero um corno como marido”

Danuza Leão

“No amor, as mulheres são profissionais; os homens, amadores”

François Truffaut

“As mulheres ainda se lembram do primeiro beijo mesmo quando os homens já se esqueceram do último”

Rémy de Gourmont

“Por que uma mulher dá duro dez anos para mudar os hábitos do marido e depois se queixa que ele não é mais o homem com quem ela se casou?”

Barbara Streisand

“A idade não nos protege contra o amor. Mas o amor, até certo ponto, nos protege contra a idade”

Jeanne Moreau

“A única maneira de se livrar de uma tentação é sucumbir a ela”

Oscar Wilde

O diálogo

O casal já namorava há dois anos. Eis que um dia:

— Você anda estranho, esquisito...

— Impressão sua.

— Não. Estou vendo. Estou sentindo. Você está aqui mas está com a cabeça em outro lugar. E não é de hoje.

— É o trabalho. Muita preocupação.

— Antes você tinha mais trabalho e não estava distante. Tem alguma outra coisa além do trabalho. Eu sei. Eu sinto.

— Não tem.

Nesse ponto, como a situação exigia, tomou coragem e perguntou à queima-roupa:

— Você tem outra pessoa?

— Mas que bobagem é essa?!

— É uma pergunta. Fala a verdade. Vou entender.

Respirou fundo. Ficou em silêncio por uma eternidade de segundos. Depois respondeu:

— Tem.

— Eu sabia. Sabia. Eu sentia isso. Faz tempo?

— Uns dois anos.

— Dois anos?!

— É.

— E quem é?

— Você.

agradecimentos

Este livro não seria o mesmo sem a participação de amigos e familiares que estiveram por perto durante um ano inteiro de entrevistas, telefonemas cheios de expectativas (sim, eu topo falar, claro) e muitos textos escritos e reescritos. Agradeço de coração, portanto...

À minha irmã Lissandra Corsile e ao meu cunhado Jason Corsile, que me acolheram em Boston, com amor de sobra e disposição para ouvir e ler as primeiras histórias deste livro.

Aos meus pais, Eduardo de Campos Filho e Myrna Luciano de Campos, pela paciência de aturar minhas múltiplas ausências nos almoços de domingo. E pelo amor de sempre.

Ao meu irmão Gustavo Luciano de Campos, pelo apoio e pela torcida em todas as horas.

A Adriana Garcia, amiga-irmã, presente, mesmo de longe, em todos os momentos de 2007 e pelas sugestões para que o livro ficasse bonito como ficou.

Amélia Nascimento, minha terapeuta. Obrigada pela sabedoria e pelos florais miraculosos.

Andrea Garcia, *hermanita bruja de corazón*, a pessoa mais amorosa que conheço. *Suerte siempre*!

Carla D'Alessandro, que veio de BH para me deixar feliz num fim de semana de 2007 só para dizer: "estou aqui para o que você precisar". Prova de amor das mais lindas.

Cris Veit, pelo entusiasmo em ouvir, durante todos os nossos almoços, dissertações sobre um único tema: enredos amorosos. E pela linda capa deste livro.

Nina Lemos, amiga de corpo e alma neste ano de emoções à flor da pele, primeira a palpitar nas histórias e a dizer: vai em frente!

Silvana Spinelli, prima de coração que se envolveu neste projeto de maneira tão apaixonada que rendeu indicações de quatro casais presentes no livro: Marcia e Maurizio, Andrea e Rodrigo, Yann e Ana Luiza, Andrea e Jefferson.

Valéria Corbucci, por ser a amiga que é e pela indicação de Jane e Herondy, idéia que teve numa noite animada em SP ao ouvir os acordes de "Não se vá" no rádio do carro.

Agradeço ainda a outros amigos queridos que tiveram a sensibilidade de identificar lindas histórias de amor e correrem para me contar. Obrigada Estevam Romera, Renata Campos, Alessandra Blanco, Martha Spínola e Luiz Pimentel.

E ao editor deste livro, Luís Colombini, autor da frase, dita em janeiro de 2007: "só você pode escrever este livro". É claro que outros poderiam escrever, mas o amor pelo projeto me fez assumir a tarefa como verdade.